소워니놀이터 소개

웹디자이너로 활동하다가 엄마가 된 지금은 소워니와 시워니를 위한 종이놀이를 만들고 있어요. 종이놀이로 즐겁게 노는 아이들을 보니 많은 친구들과 함께 즐거움을 나누고 싶어서 유튜브에 아이들의 놀이 영상과 만들기 영상을 올리며 도안을 공유하고 있어요. 소워니놀이터만의 종이놀이 도안으로 많은 친구들이 즐거운 시간을 보내면 좋겠어요.

캐릭터 소개

소워니
나이 : 8살
취미 : 역할놀이하기
동생 : 시워니
좌우명 : 핑크는 사랑이다!

시워니
나이 : 6살
취미 : 수집하기
좌우명 : 어떤 물건이든 쓸모가 있다!

햄찌

도꽹이

몽실 냥냥

소시지

토토

준비물

솜	스퀴시 안에 넣을 거예요.
투명 박스 테이프	스퀴시 도안에 붙여 코팅을 할 거예요. 크기가 작은 스퀴시 도안을 코팅할 때 쓰기 편해요.
벨크로	소품을 붙였다 떼었다 놀 때 쓸 거예요. 까끌한 부분과 부드러운 부분이 만나야 붙어요. 없으면 양면테이프를 이용해도 돼요.
양면테이프	작은 도안을 붙일 때 써요. 소품을 붙였다 떼었다 놀 때도 써요.
풀	코팅하지 않은 도안을 연결할 때 써요.
얇은 투명 테이프	스퀴시의 모서리 부분을 붙일 때 쓸 거예요.
손코팅지	넓은 도안을 코팅할 때 써요.
커팅 매트	칼을 이용해 도안을 자를 때 쓸 거예요.
가위	사용할 때 손을 다치지 않게 주의하고 쓰지 않을 때는 오므려 잘 보이는 곳에 두세요.
칼	사용할 때 손을 다치지 않게 주의하고 쓰지 않을 때는 칼날을 밀어 넣어 두세요.
마스크 끈	만들기에 쓸 거예요. 늘어났다 줄었다 하는 줄을 써도 돼요.
꼭 지켜 주세요!	가위와 칼을 사용할 때 손을 다치지 않도록 주의하세요. 오린 종이를 입에 넣지 않도록 주의하세요.

용어 설명

손코팅지 단단히 코팅해야 하는 도안이에요. **투명 박스 테이프** 구부리기 쉬운 도안에 사용해요.

단면 코팅 도안의 앞면만 코팅해요. **양면 코팅** 도안의 앞, 뒷면을 코팅해요. **코팅 X** 코팅을 하면 접기가 힘들어요.

──── 자르는 선   ─ ─ ─ ─ 안으로 접는 선   · ─ · ─ · 밖으로 접는 선   ✂ 가위 그림 주위를 도려내요.

목차

49 소워니·시워니 페이퍼 토이

53 편의점 스퀴시북

63 아이스크림 붕어빵 가게

83 달콤한 마카롱 가게

95 젤리곰 공장

109 빵 스퀴시

125 몽실이 딸기우유 스퀴시북

135 냥구르트 스퀴시북

145 어흥! 시리얼

155 말랑말랑한 찰떡 하우스

163 소시지 하우스 스퀴시북

소워니·시워니 페이퍼 토이

만드는 방법

1

페이퍼 토이에는 칼선이 들어가 있어요.
도안을 깔끔하게 뜯어요.

2
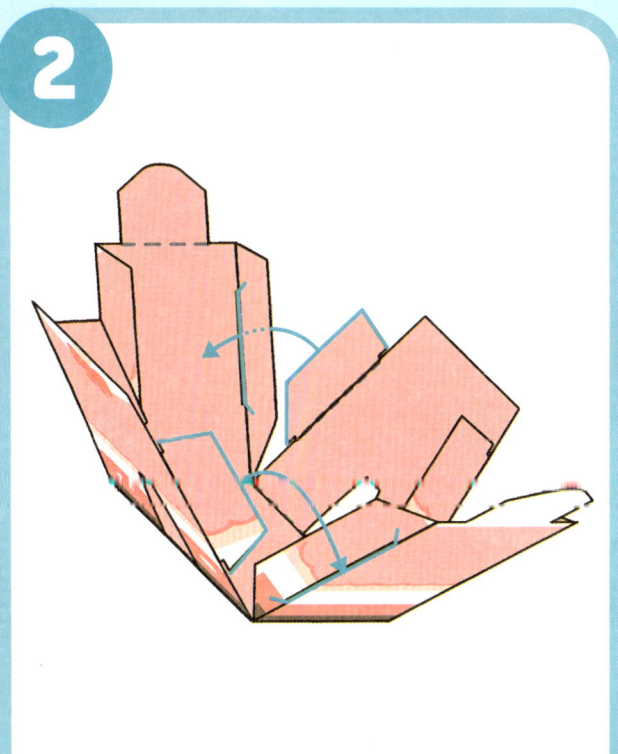
몸 도안을 점선을 따라 접은 뒤,
고리를 홈에 끼워요.

3

머리 도안을 접어요. 같은 색의 별끼리 맞닿게
붙인 뒤, 고리를 홈에 끼워요. 얼굴을 붙여요.

4

몸에 머리와 팔을 끼우고 앞치마를 붙여요.

편의점 스퀴시북

어서 오세요! 스퀴시 편의점 입니다.

만드는 방법

1. 책 도안은 손코팅지로, 스퀴시 소품 도안은 투명 박스 테이프로 앞면만 코팅해요.

2. 잠금 도안은 구부리기 쉽도록 투명 박스 테이프로 양면 코팅해요.

3. 선을 따라서 도안을 모두 오려요. 계산대 도안은 안을 오려요.

4. 연결 도안 뒷면에 풀칠을 하고 도안 2장을 뒷면끼리 포개어 붙여요.

5. 앞·뒷면이 붙어 있는 도안은 반을 접어서 솜구멍을 남기고 모두 테이프를 붙여요.

6. 굴곡이 있는 부분은 테이프에 가위집을 내어 붙여요.

펜이나 집게핀을 이용해서 안을 솜으로 채우고 솜구멍을 테이프로 막아요.

같은 방법으로 모든 소품 스퀴시를 만들어요.

책 도안 4 뒷면에 잠금 도안을 놓고 테이프를 붙여요. 잠금 도안 앞쪽도 테이프를 붙여요.

책 도안을 같은 기호끼리 맞닿게 포개어서 솜구멍만 남기고 모두 테이프를 붙여요.

솜을 납작하게 펴서 넣고, 테이프를 붙여서 솜구멍을 막아요.

책 스퀴시 2개 사이에 연결 도안을 놓고 약간의 여백을 주고 테이프로 연결해요. 책 겉에도 테이프를 붙여 더 튼튼하게 만들어요.

잠금 도안에 벨크로나 양면테이프를 붙여 열고 닫을 수 있도록 만들어요.

계산대 도안을 위치에 맞게 놓고 붙임 표시가 있는 곳만 양면테이프로 붙여요.

바코드 스캐너 도안 뒷면에 풀이나 양면테이프를 붙여 2개의 도안을 뒷면끼리 포개어 붙여요.

바코드 스캐너와 소품 스퀴시 뒷면에 양면테이프를 붙이고 배경에 맞게 정리해요.

아이스크림 붕어빵 가게

어떤 붕어빵을 드릴까요?

만드는 방법

1. 책 도안은 손코팅지로, 스퀴시 소품 도안들은 투명 박스 테이프로 앞면만 코팅해요.

2. 선을 따라서 도안을 모두 오려요.

3. 떼었다 붙였다 하는 소품 뒷면에 양면테이프를 붙여요.

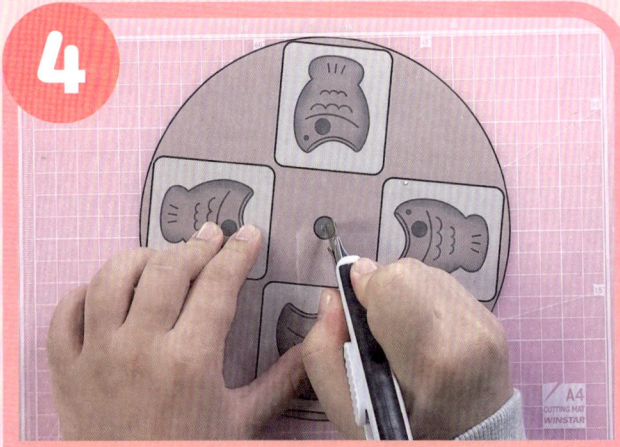

4. 붕어빵 기계 도안 가운데에 작게 칼집을 내요. 할핀을 넣을 자리예요.

5. 카드가 들어갈 계산대 도안도 칼로 오려요.

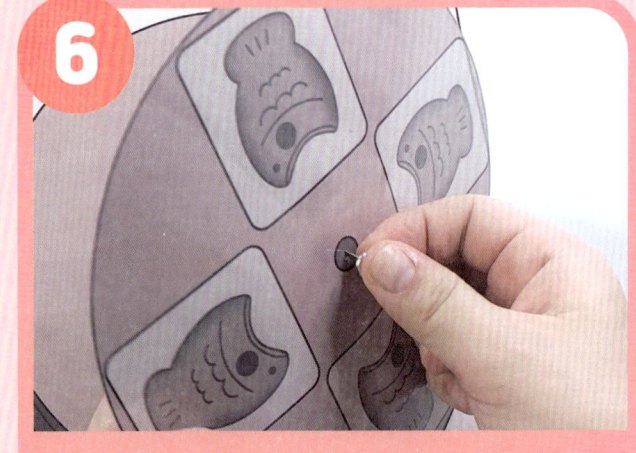

6. 붕어빵 기계 도안의 칼집 낸 부분에 할핀을 넣어요.

책 도안 5의 배경 붕어빵 기계 위에 6번의 할핀을 꽂고 뒤집어서 할핀 끝을 구부려요.

붕어빵 틀을 풀이나 양면테이프로 같은 색의 별끼리 포개어 붙여요.

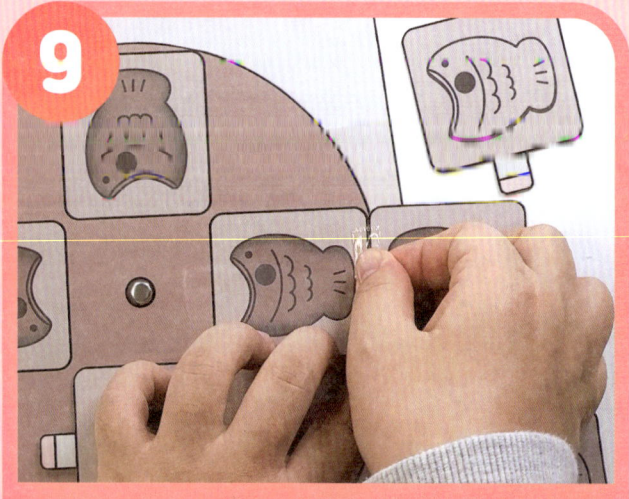

양면이 된 틀을 붕어빵 기계 바깥쪽에 놓고 앞쪽만 테이프를 붙여 연결해요.

나머지도 같은 방법으로 붕어빵 틀을 붙여요. 붕어빵 틀을 기계에 포개어서 접어 놓아요.

포장지 도안을 접고 양옆 부분만 테이프를 붙여요.

책 도안 뒷면에 풀칠을 해서 같은 기호끼리 맞닿게 포개어 붙여요. *스퀴시를 원하면 안에 솜을 넣고 투명 테이프로 붙여요.

양면이 된 책 도안을 약간의 여백을 주고 테이프로 연결해요.

책등이 되는 부분에도 테이프를 붙여 더 튼튼하게 만들어요.

계산대를 위치에 맞춰 놓고 아래쪽을 투명 테이프로 붙여요.

책에 소품들을 정리해요.

완성!

달콤한 마카롱 가게

만드는 방법

1. 손코팅지로 책 도안은 단면을 코팅하고, 큰 소품들은 양면을 코팅해요.

투명 박스 테이프 / 양면

2. 작은 소품 도안들은 투명 박스 테이프로 양면을 코팅하면 놀이하기 편하답니다.

3. 선을 따라서 도안을 모두 오려요.

4. 떼었다 붙였다 하는 소품 뒷면에 투명 양면테이프를 붙여요.

5. 단단히 고정할 곳 뒷면에는 종이 양면테이프를 붙여요.

6. 계산대 도안과 오븐 문 도안의 안을 오려요.

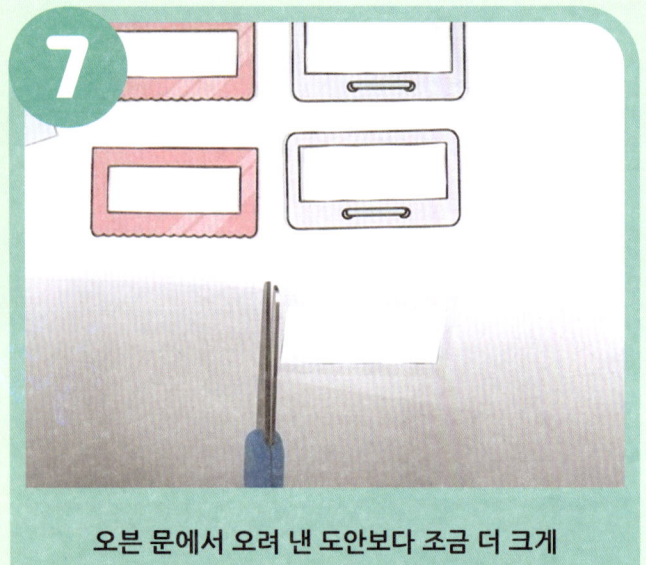

오븐 문에서 오려 낸 도안보다 조금 더 크게 손코팅지를 오려요. 이렇게 4개를 만들어요.

비닐을 뜯지 않은 손코팅지를 오븐 문 도안 뒷면에 테이프로 붙여요.

책 도안 뒷면에 풀칠을 해서 도안 2장을 같은 기호끼리 포개어 붙여요. * 스퀴시를 원하면 안에 솜을 넣고 투명테이프로 붙여요.

양면이 된 책 도안을 약간의 여백을 주고 테이프로 연결해요.

책등이 되는 부분에도 테이프를 붙여 더 튼튼하게 만들어요.

계산대 도안을 흐릿한 그림에 맞춰서 놓고 붙임 표시가 있는 곳만 양면테이프로 붙여요.

쇼케이스 문 도안을 위치에 맞게 놓고 위쪽만 테이프로 붙여요.

테이블 도안을 흐릿한 그림에 맞춰서 놓고 붙임 표시가 있는 곳만 양면테이프로 붙여요.

오븐 문 도안을 위치에 맞게 놓고 위쪽을 테이프로 붙여요.

책에 소품들을 정리해요.

만드는 방법

1

책 도안은 단면을 코팅하고, 소품 도안은 양면을 코팅해요.

2

잠금 도안은 구부리기 쉽도록 투명 박스 테이프로 양면을 코팅해요.

3

선을 따라서 도안을 모두 오려요.

4

떼었다 붙였다 할 소품 뒷면에 양면테이프를 붙여요.

5

트럭 문과 포장 상자 문은 가위집을 내어 안을 오려요.

6

포장 상자 문에서 오려 낸 도안보다 조금 더 크게 손코팅지를 오려요. 이렇게 4개를 만들어요.

7 비닐을 떼지 않은 손코팅지를 '포장 상자 문' 뒷면에 테이프로 붙여요.

8 포장 상자 위에 포장 상자 문을 올려 놓고 윗면에 테이프를 붙여요.

9 트럭에 트럭 문을 놓고 오른쪽을 테이프로 붙여요.

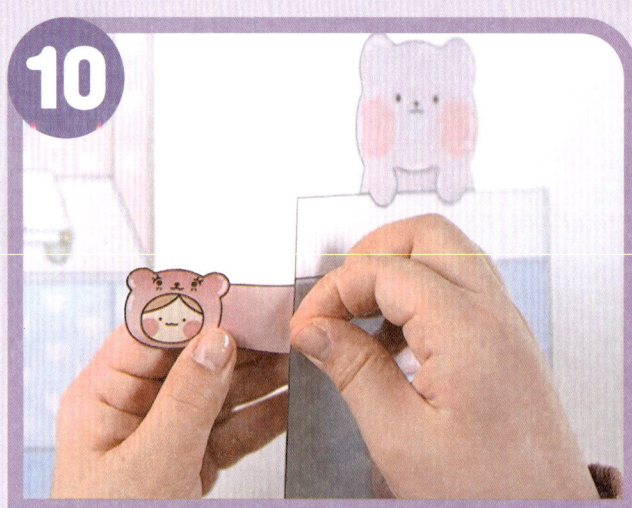

10 책 도안 4 뒷면에 잠금 도안을 별표에 맞춰 놓고 테이프를 붙여요. 앞면도 테이프를 붙여 고정해요.

11 책 도안을 같은 기호끼리 포개어서 솜구멍만 남기고 모두 테이프를 붙여요. 굴곡이 있는 부분은 테이프를 가위집 내어 붙여요.

12 안에 솜을 납작하게 펴서 넣고, 테이프를 붙여서 솜구멍을 막아요. *솜을 너무 많이 넣으면 잘 터지기 때문에 적당히 넣어야 해요.

책 스퀴시 2개를 약간의 여백을 주고 테이프로 연결해요. 책등이 되는 부분도 테이프를 붙여 더 튼튼하게 만들어요.

안내선에 맞춰서 포장 상자 보관 도안을 맨 오른쪽부터 테이프로 붙여요. 장식 보관 도안도 아래부터 테이프로 붙여요.

잠금 도안에 벨크로나 양면테이프를 붙여서 열고 닫을 수 있도록 만들어요.

스퀴시북에 소품들을 정리해요.

만드는 방법

1. 스퀴시가 될 빵 도안을 투명 박스 테이프로 앞면만 코팅해요.

2. 스티커 도안은 양면을 코팅해요.

3. 봉투 도안은 코팅을 하지 않아요.

4. 선을 따라서 도안을 모두 오려요.

5. 빵 봉투 도안 가운데도 오려요.

6. 비닐을 떼지 않은 손코팅지를 빵 봉투 도안 뒷면에 테이프로 붙여요.

선을 따라서 도안을 안으로 접어요.

안으로 접힌 날개에만 풀을 발라서 봉투를 접어 붙여요. 빵 봉투와 같은 방법으로 스티커 봉투를 만들어요.

스티커를 스티커 봉투 안에 넣고 풀이나 풀테이프를 입구 안쪽에 발라서 입구를 붙여요.

잡아서 뜯기 쉽도록 스티커 봉투의 점선 부분을 가위로 오려요.

빵 도안을 같은 기호끼리 포개어서 솜구멍만 남기고 모두 테이프로 붙여요.

굴곡이 있는 부분은 테이프에 가위집을 내어 붙여요.

13 안에 솜을 납작하게 펴서 넣어요.
*솜을 너무 많이 넣으면 잘 터지기 때문에 적당히 넣어야 해요.

14 테이프를 붙여서 솜구멍을 막아요.

15 빵 봉두 하나에 빵 스퀴시와 스티커 봉두를 하나씩 넣어요.

16 입구 안을 풀로 붙여서 막아 정리해요.

완성!

몽실이 딸기우유 스퀴시북

딸기우유를 좋아하는 몽실이에요!

만드는 방법

1
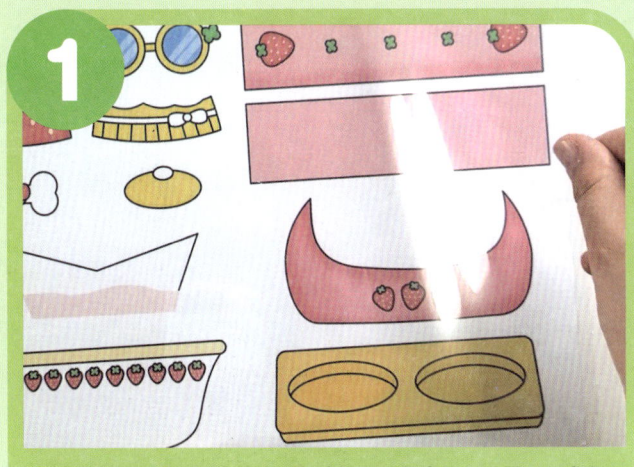
책 도안은 손코팅지로 앞면만 코딩하고, 소품 도안은 양면을 코팅해요. 잠금 도안은 구부리기 쉽도록 투명 박스 테이프로 양면을 코팅해요.

2

선을 따라서 도안을 모두 오려요.

3

떼었다 붙였다 하는 소품 뒷면에 양면테이프를 붙여요.

4

연결 도안 뒷면에 풀칠을 해서 반을 접고 붙여요.

5

샤워기 도안 뒷면에 양면테이프를 붙이고 그 위에 마스크 끈을 붙여요. 또 다른 샤워기 도안 뒷면을 포개어 붙여요.

6

몽실이는 같은 기호끼리 맞대어 포개고, 솜구멍만 남기고 모두 테이프를 붙여요. 굴곡이 있는 부분은 테이프에 가위집을 내어 붙여요.

7

안에 솜을 납작하게 펴서 넣고, 테이프를 붙여서 솜구멍을 막아요. *솜을 너무 많이 넣으면 잘 터지기 때문에 적당히 넣어야 해요.

8

책 도안 6 뒷면에 잠금 도안을 테이프로 붙이고, 스퀴시를 만들어요. 나머지 책 도안도 같은 기호끼리 포개어서 스퀴시를 만들어요.

9

책 도안 1, 2와 5, 6으로 만든 스퀴시 2개 사이에 연결 도안을 놓고 약간의 여백을 주고 테이프로 연결해요.

10

나머지 스퀴시는 연결 도안 가운데에 놓고 테이프로 연결해요. 책 겉에도 테이프를 붙여 더 튼튼하게 만들어요.

11

잠금 도안에 벨크로나 양면테이프를 붙여 열고 닫을 수 있도록 만들어요.

12

책 앞면에 종이배를 맞춰 놓고 테이프나 양면테이프로 양옆과 아래쪽을 붙여요.

13

5번에서 조립한 샤워기를 양면테이프로 배경에 붙여요. 그 위에 욕조 도안을 맞춰 놓고 양옆과 아래쪽을 테이프로 붙여요.

14

밥그릇 도안을 위치에 놓고 양옆과 아래쪽을 테이프로 붙여요.

15

방식 도안을 배경 그림에 맞춰 놓고 양옆과 아래쪽을 테이프로 붙여요.

16

스퀴시북에 소품들을 정리해요.

완성!

냥구르트 스퀴시북

만드는 방법

1
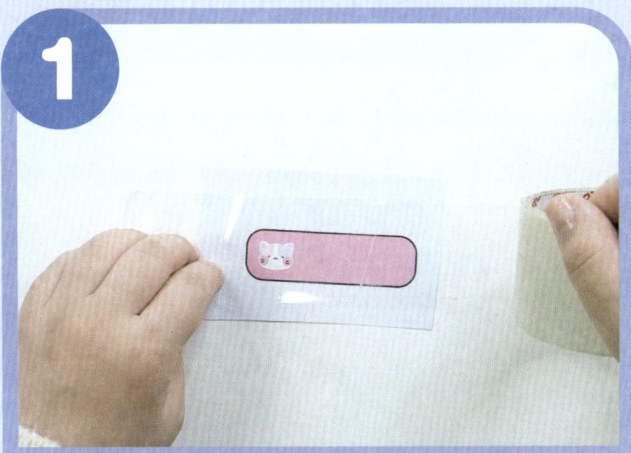
책 도안은 손코팅지로 앞면을 코팅하고, 소품 도안은 양면을 코팅해요. 잠금 도안은 구부리기 쉽도록 투명 박스 테이프로 양면을 코팅해요.

2
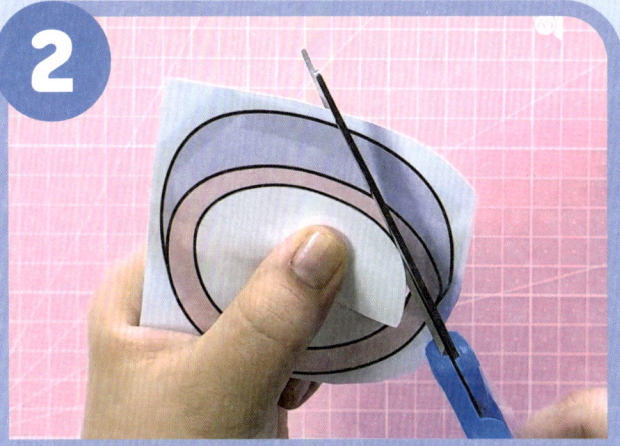
선을 따라서 도안을 모두 오려요.
냥냥이 침대 도안은 가위집을 내어 안을 오려요.

3

떼었다 붙였다 하는 소품 뒷면에 양면테이프를 붙여요.

4
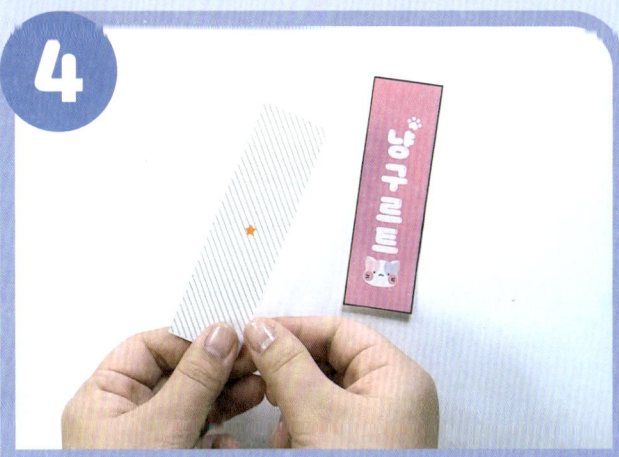
연결 도안 뒷면에 풀칠을 해서 연결 도안 2장을 뒷면끼리 포개어 붙여요.

5
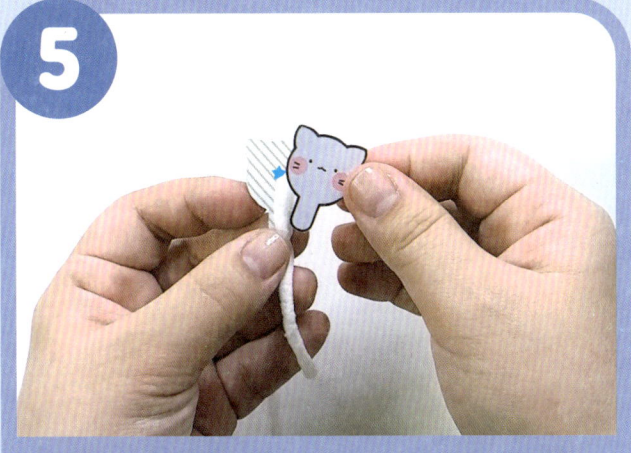
샤워기 도안 뒷면에 양면테이프를 붙이고 그 위에 마스크 끈을 붙여요. 또 다른 샤워기 도안 뒷면을 포개어 붙여요.

6

책 도안 6 뒷면에 잠금 도안을 테이프로 붙이고, 앞쪽도 테이프로 붙여요.

7 책 도안 5, 6을 포개어서 솜구멍만 남기고 모두 테이프를 붙여요. 굴곡이 있는 부분은 테이프에 가위집을 내어 붙여요.

8 안에 솜을 납작하게 펴서 넣고, 테이프를 붙여서 솜구멍을 막아요. 나머지 책 도안도 스퀴시를 만들어요.

9 책 스퀴시 2개 사이에 연결 도안을 놓고 약간의 여백을 주고 테이프로 연결해요. 나머지 스퀴시는 연결 도안 가운데에 놓고 테이프로 연결해요.

10 잠금 도안에 벨크로나 양면테이프를 붙여 열고 닫을 수 있도록 만들어요.

11 책 앞면에 냥냥이 보관 도안을 테이프로 붙여요. 양옆과 아래쪽만 붙여서 냥냥이를 넣을 수 있도록 만들어요.

12 5번에서 조립한 샤워기를 양면테이프로 배경에 붙이고, 그 위에 욕조 도안을 테이프로 붙여요. 양옆과 아래쪽만 붙여요.

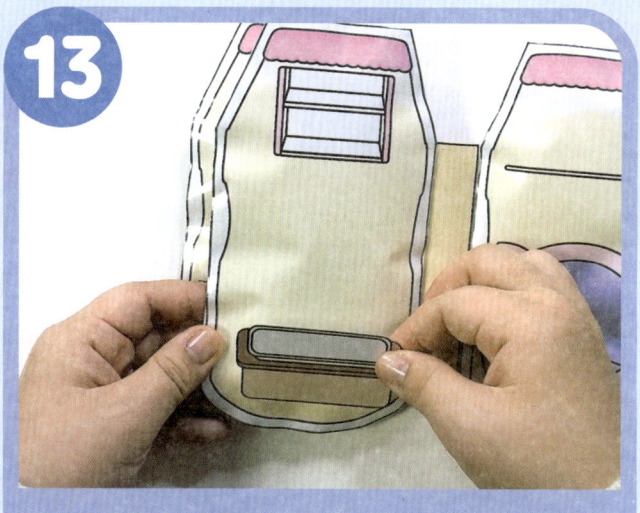

13 식탁 도안을 그림에 맞춰 놓고 아래쪽을 테이프로 붙여요.

14 냉장고 문 도안 뒷면에 풀칠을 해서 반을 접어 붙이고, 냉장고 그림에 맞춰 오른쪽에 나란히 놓고 닿는 부분만 테이프로 붙여요.

15 침대 도안을 배경 그림에 맞춰 놓고 안쪽 테두리를 테이프로 고정해서 붙여요.

16 스퀴시북에 소품들을 정리해요.

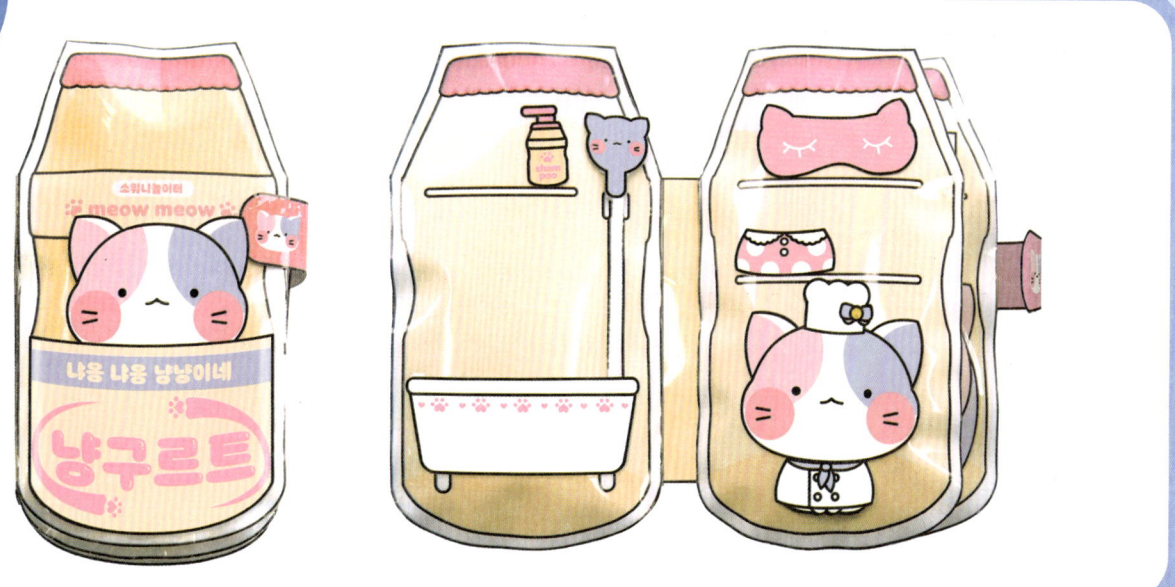

어흥! 시리얼

시리얼 맛있겠다.
어흥! 어흥!

만드는 방법

1. 책 도안은 손코팅지로 앞면을 코팅하고, 소품 도안은 양면을 코팅해요. 잠금 도안은 구부리기 쉽도록 투명 박스 테이프로 양면을 코팅해요.

2. 선을 따라서 도안을 모두 오려요.

3. 떼었다 붙였다 하는 소품 뒷면에 양면테이프를 붙여요.

4. 연결 도안 뒷면에 풀칠을 해서 연결 도안 2장을 뒷면끼리 포개어 붙여요.

5. 샤워기 도안 뒷면에 양면테이프를 붙이고 그 위에 마스크 끈을 붙여요. 또 다른 샤워기 도안 뒷면을 포개어 붙여요.

6. 시리얼 상자 도안을 접고 양옆을 테이프로 붙여요. 우유와 시리얼을 살짝 넣어요. 그릇 앞 부분 도안을 그릇 앞에 놓고, 아랫 부분만 테이프로 붙여요. 사이에 숟가락을 넣어요.

7

책 도안 6 뒷면에 잠금 도안을 테이프로 붙여요.

8

책 도안 뒷면의 같은 기호끼리 포개어서 솜구멍만 남기고 모두 테이프를 붙여요.

9

안에 솜을 납작하게 펴서 넣고, 테이프를 붙여서 솜구멍을 막아요. 나머지 책 도안도 스퀴시를 만들어요.

10

책 도안 1,2와 5, 6으로 만든 스퀴시 2개 사이에 연결 도안을 놓고 약간의 여백을 주고 테이프로 연결해요.

11

나머지 스퀴시는 연결 도안 가운데에 있는 안내선에 놓고 테이프로 연결해요. 책 겉에도 테이프를 붙여 더 튼튼하게 만들어요.

12

잠금 도안에 벨크로나 양면테이프를 붙여 열고 닫을 수 있도록 만들어요.

13

5번에서 조립한 샤워기를 양면테이프로 배경에 붙여요. 그 위에 욕조 도안을 맞춰 놓고 양옆과 아래쪽만 테이프로 붙여요.

14

식탁 도안을 위치에 놓고 양옆과 아래쪽만 테이프로 붙여요.

15

이불 도안을 배경 그림에 맞춰 놓고 아래쪽만 테이프로 붙여요.

16

스퀴시북에 소품들을 정리해요.

완성!

말랑말랑한 찰떡 하우스

찰떡 같은 내 볼, 귀엽지?

만드는 방법

책 도안은 손코팅지로 앞면만 코팅하고, 소품 도안은 양면을 코팅해요. 잠금 도안은 구부리기 쉽도록 투명 박스 테이프로 양면을 코팅해요.

선을 따라서 도안을 모두 오려요.
당근 침대 도안은 가위집을 내어 안을 오려요.

떼었다 붙였다 하는 소품 뒷면에 양면테이프를 붙여요.

연결 도안 뒷면에 풀칠을 해서 연결 도안 2장을 뒷면끼리 포개어 붙여요.

샤워기 도안 뒷면에 양면테이프를 붙이고 그 위에 마스크 끈을 붙여요. 또 다른 샤워기 도안 뒷면을 포개어 붙여요.

책 도안 6의 뒷면에 잠금 도안을 테이프로 붙여요. 책 도안 5의 뒷면을 포개어서 솜구멍만 남기고 모두 테이프를 붙여요.

안에 솜을 납작하게 펴서 넣고, 테이프를 붙여서 솜구멍을 막아요. 나머지 책 도안도 스퀴시를 만들어요.

책 도안 1, 2와 5, 6으로 만든 스퀴시 2개 사이에 연결 도안을 놓고 약간의 여백을 주고 테이프로 연결해요.

나머지 스퀴시는 연결 도안 가운데에 놓고 테이프로 연결해요. 책 겉에도 테이프를 붙여 더 튼튼하게 만들어요.

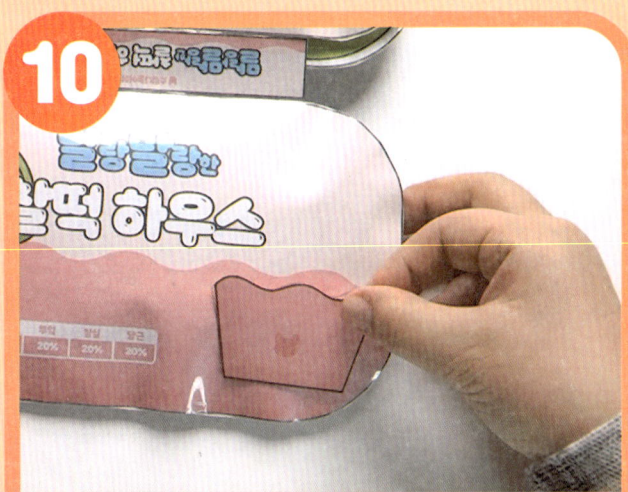

책 앞면에 토깽이 보관 도안을 양옆과 아래쪽만 테이프로 붙여요.

잠금 도안에 벨크로나 양면테이프를 붙여 열고 닫을 수 있도록 만들어요.

5번에서 조립한 샤워기를 양면테이프로 배경에 붙여요. 그 위에 욕조 도안을 맞춰 놓고 양옆과 아래쪽을 테이프로 붙여요.

13

식탁 도안을 그림에 맞춰서 놓고 양옆과 아래쪽만 테이프로 붙여요.

14

냉장고 문 도안을 위치에 놓고 오른쪽을 테이프로 연결해요.

15

당근 침대 도안을 위치에 놓고 테두리를 테이프로 붙여요.

16

스퀴시북에 소품들을 정리해요.

완성!

만드는 방법

1 책 도안은 손코팅지로 앞면만 코팅하고, 소품 도안은 양면을 코팅해요. *잠금 도안은 구부리기 쉽도록 투명 박스 테이프로 양면을 코팅해요.

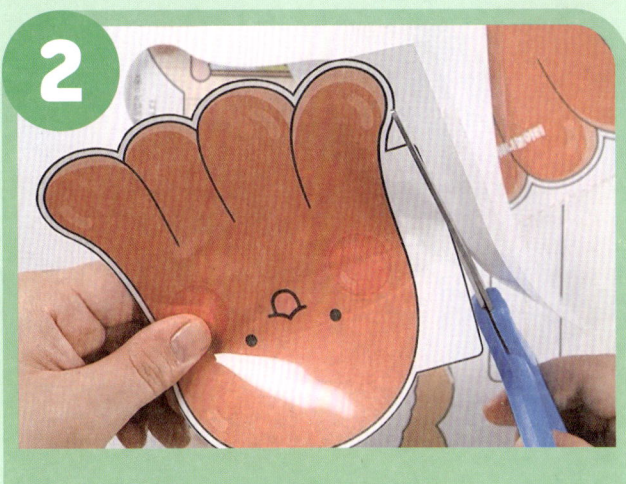

2 선을 따라서 도안을 모두 오려요.

3 떼었다 붙였다 하는 소품 뒷면에 양면테이프를 붙여요.

4 연결 도안 뒷면에 풀칠을 해서 연결 도안 2장을 뒷면끼리 포개어 붙여요.

5 샤워기 도안 뒷면에 양면테이프를 붙이고 그 위에 마스크 끈을 붙여요.

6 또 다른 샤워기 도안 뒷면을 포개어 붙여요.

책 도안 6 뒷면에 잠금 도안을 테이프로 붙여요.
책 도안 5의 뒷면을 포개어서 솜구멍만 남기고
모두 테이프를 붙여요.

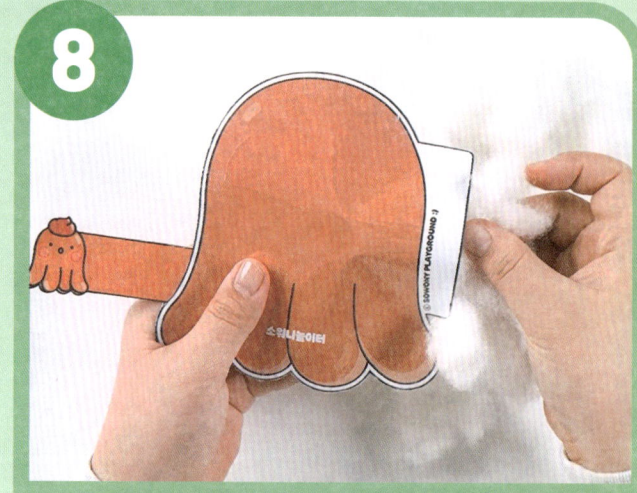

안에 솜을 납작하게 펴서 넣고, 테이프를 붙여서
솜구멍을 막아요. 나머지 책 도안도 스퀴시를
만들어요.

책 도안 1, 2와 5, 6으로 만든 스퀴시 2개 사이에 연결
도안을 놓고 약간의 여백을 주고 테이프로 연결해요.

나머지 스퀴시는 연결 도안 가운데에 놓고 테이프로
연결해요.

책 겉에도 테이프를 붙여 더 튼튼하게 만들어요.

잠금 도안에 벨크로나 양면테이프를 붙여 열고
닫을 수 있도록 만들어요.

6번에서 조립한 샤워기를 양면테이프로 배경에 붙이고, 끈 끝에 샤워기 밸브 도안을 테이프로 붙여요.

욕조 도안을 위치에 놓고 양옆과 아래쪽만 테이프로 붙여요.

옷장 도안을 아래부터 안내선에 맞춰 놓고 위쪽만 테이프로 붙여요.

스퀴시북에 소품들을 정리해요.

소워니놀이터
SOWONY PLAYGROUND

소워니·시워니 페이퍼 토이

▼ 머리

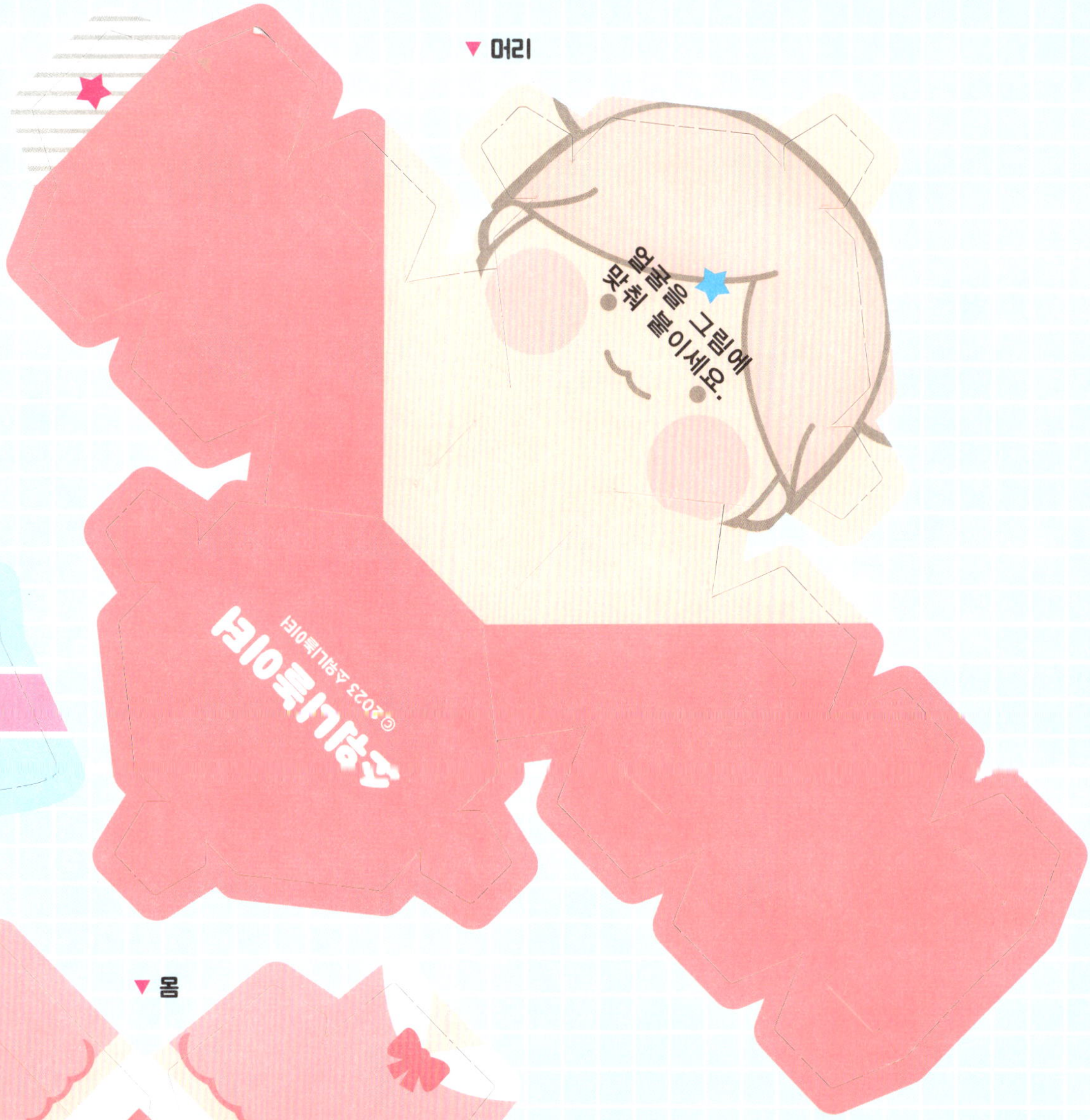

▼ 앞치마

▼ 몸

▼ 얼굴

▶ 팔 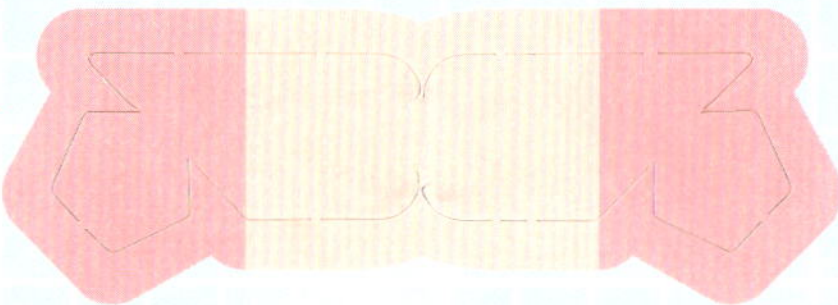 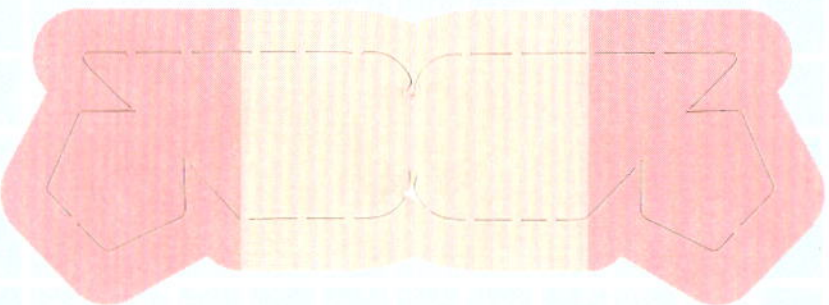   팔 ◀

소워니·시워니 페이퍼 토이

코팅 X

▼ 머리

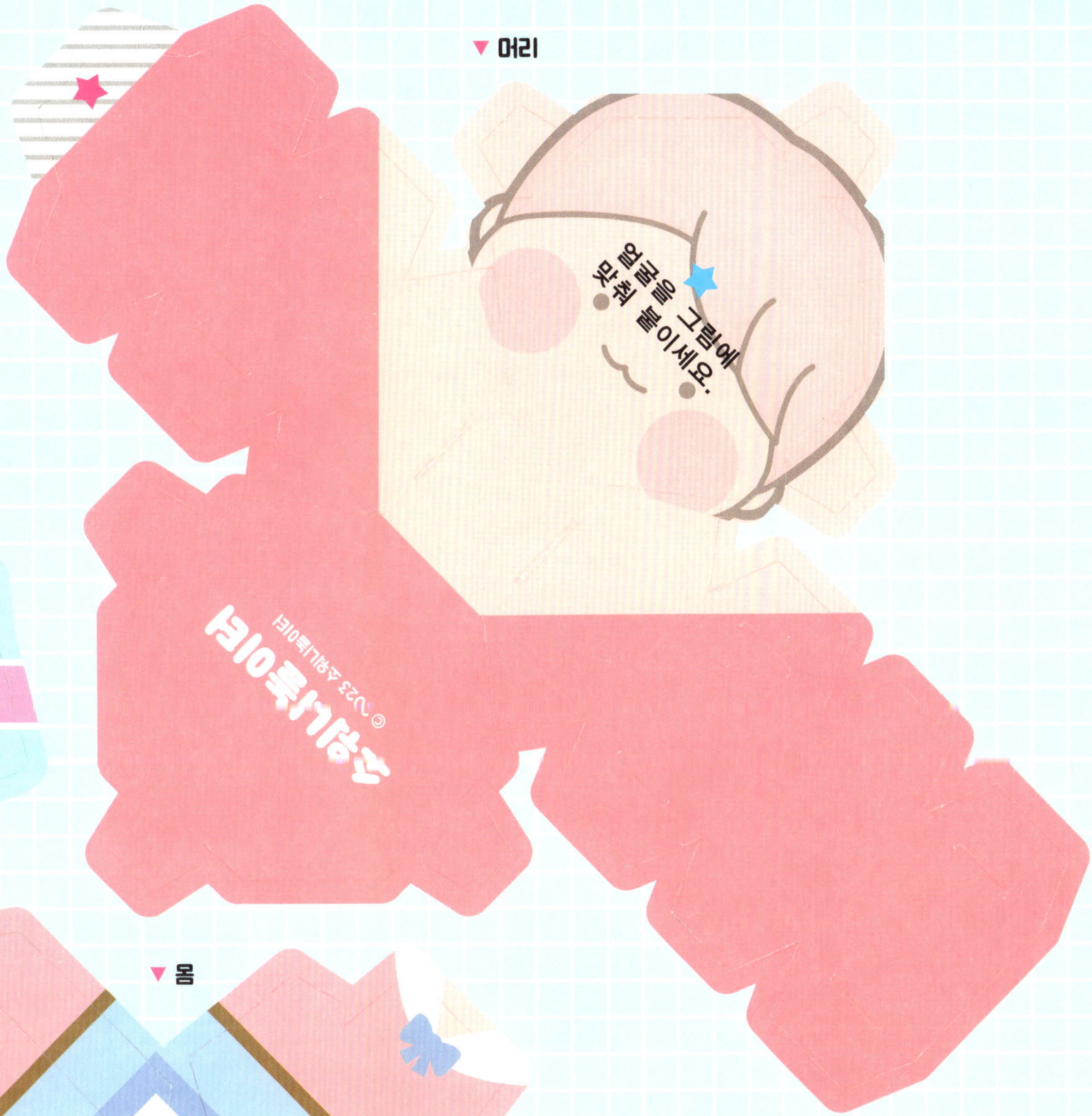

▼ 앞치마

▼ 몸

▼ 얼굴

◀ 팔 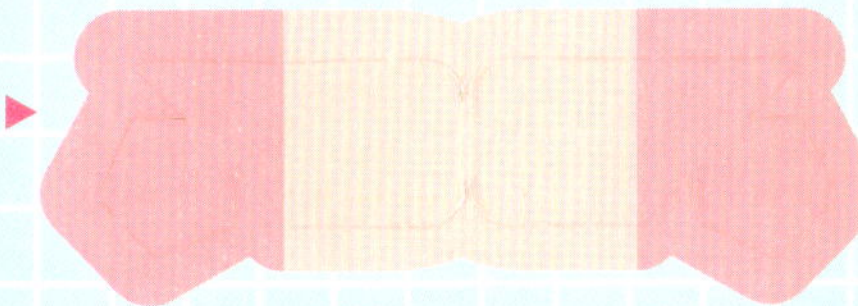   팔 ▶

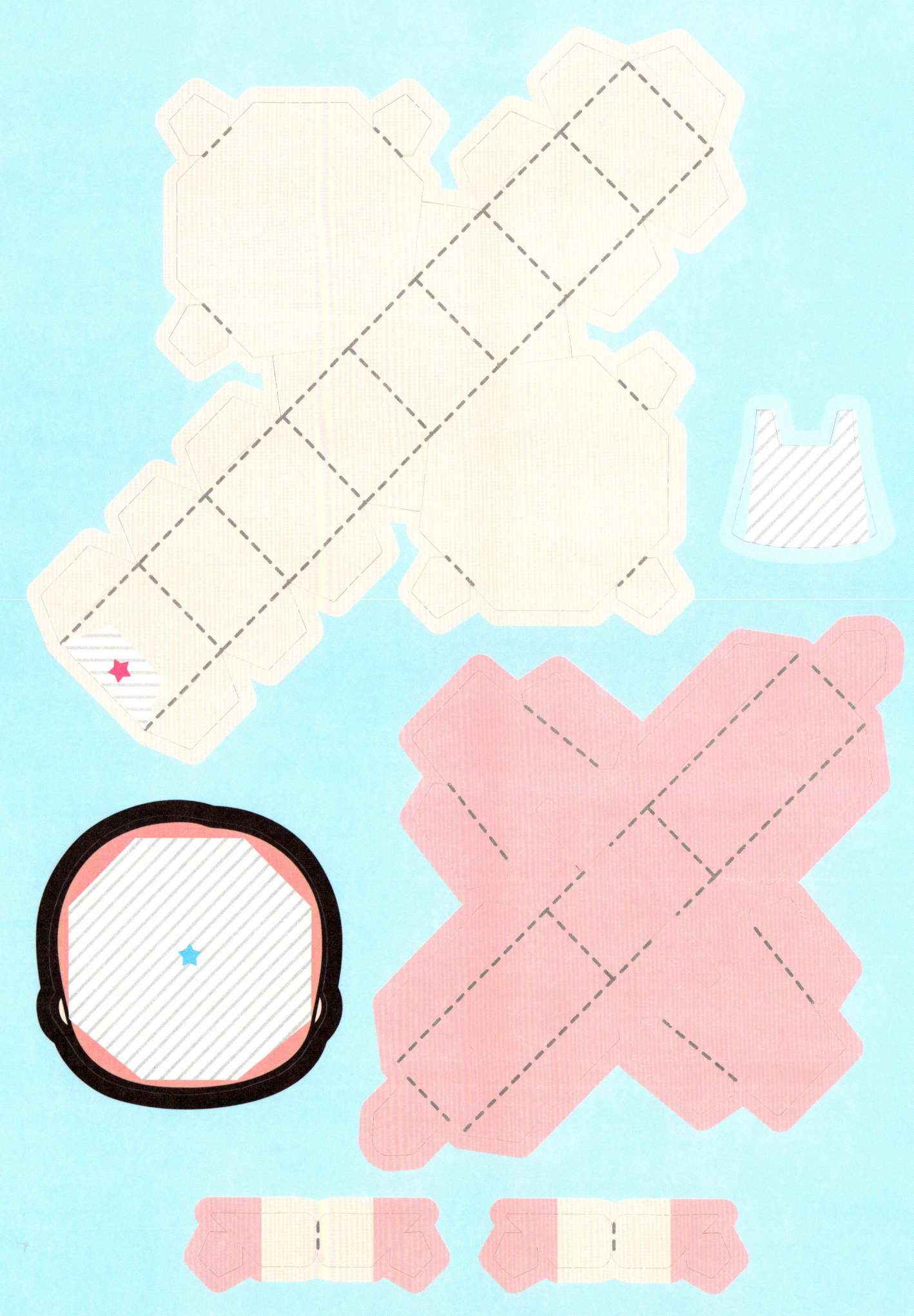

▼ 책 도안 3

편의점 스퀴시북 손코팅지 / 단면

© SOWONY PLAYGROUND All rights reserved.

▲ 책 도안 4

편의점 스퀴시북

투명 박스 테이프 / 단면

▼ 연결 도안

▼ 카드

▼ 계산대

▼ 바코드 스캐너

투명 박스 테이프 / 양면

▼ 잠금 도안

편의점 스퀴시북 투명 박스 테이프 / 단면

▼ 상품

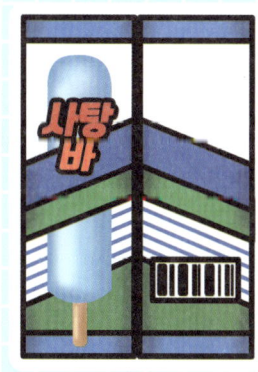

편의점 스퀴시북

▼ 상품

투명 박스 테이프 / 단면

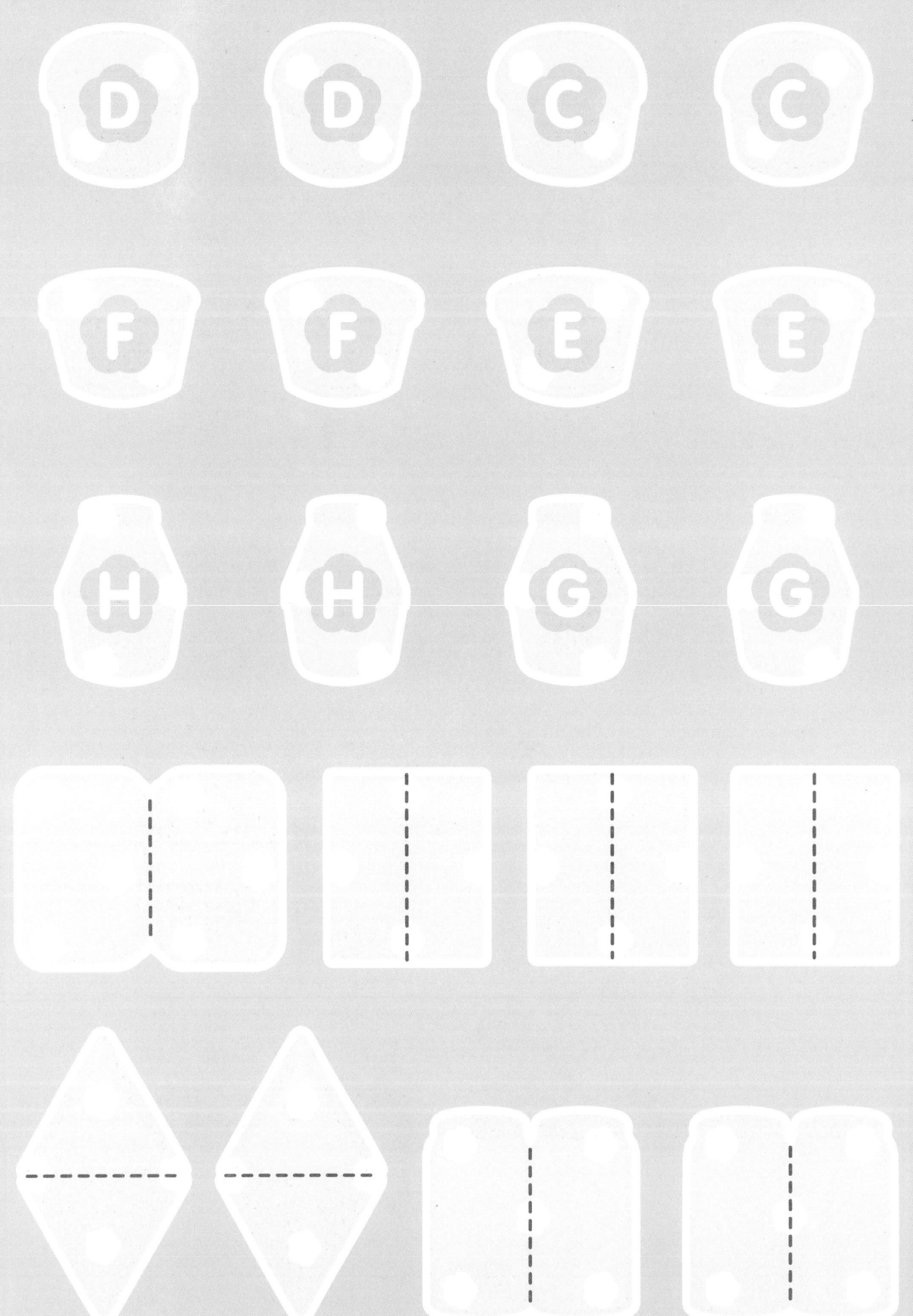

아이스크림 붕어빵 가게 `손코팅지 / 단면`

▼ 책 도안 1

아이스크림 붕어빵 가게

손코팅지 / 단면

▼ 책 도안 2

▼ 책 도안 3

아이스크림 붕어빵 가게 손코팅지 / 단면

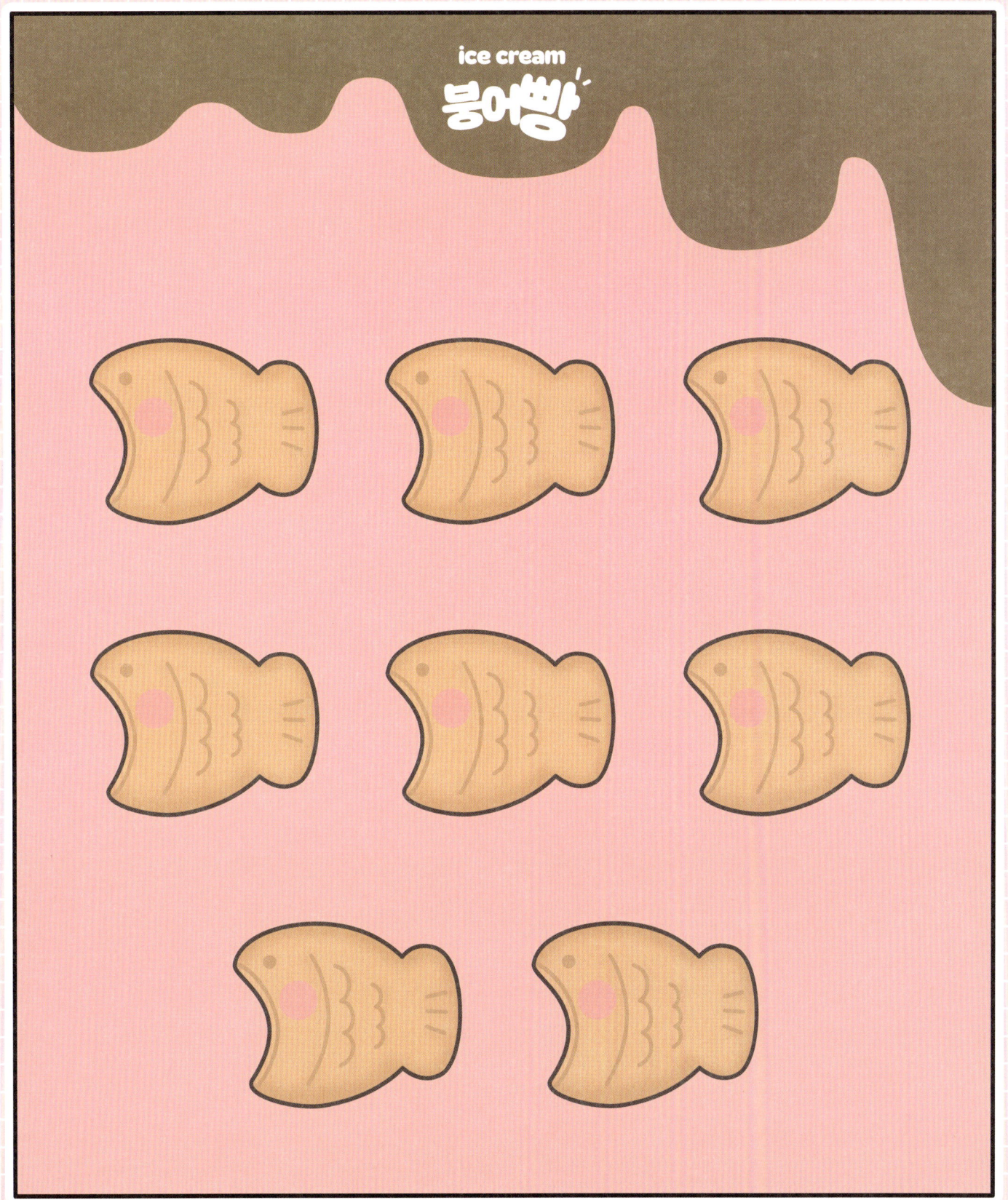

아이스크림 붕어빵 가게 손코팅지 / 단면

▼ 책 도안 4

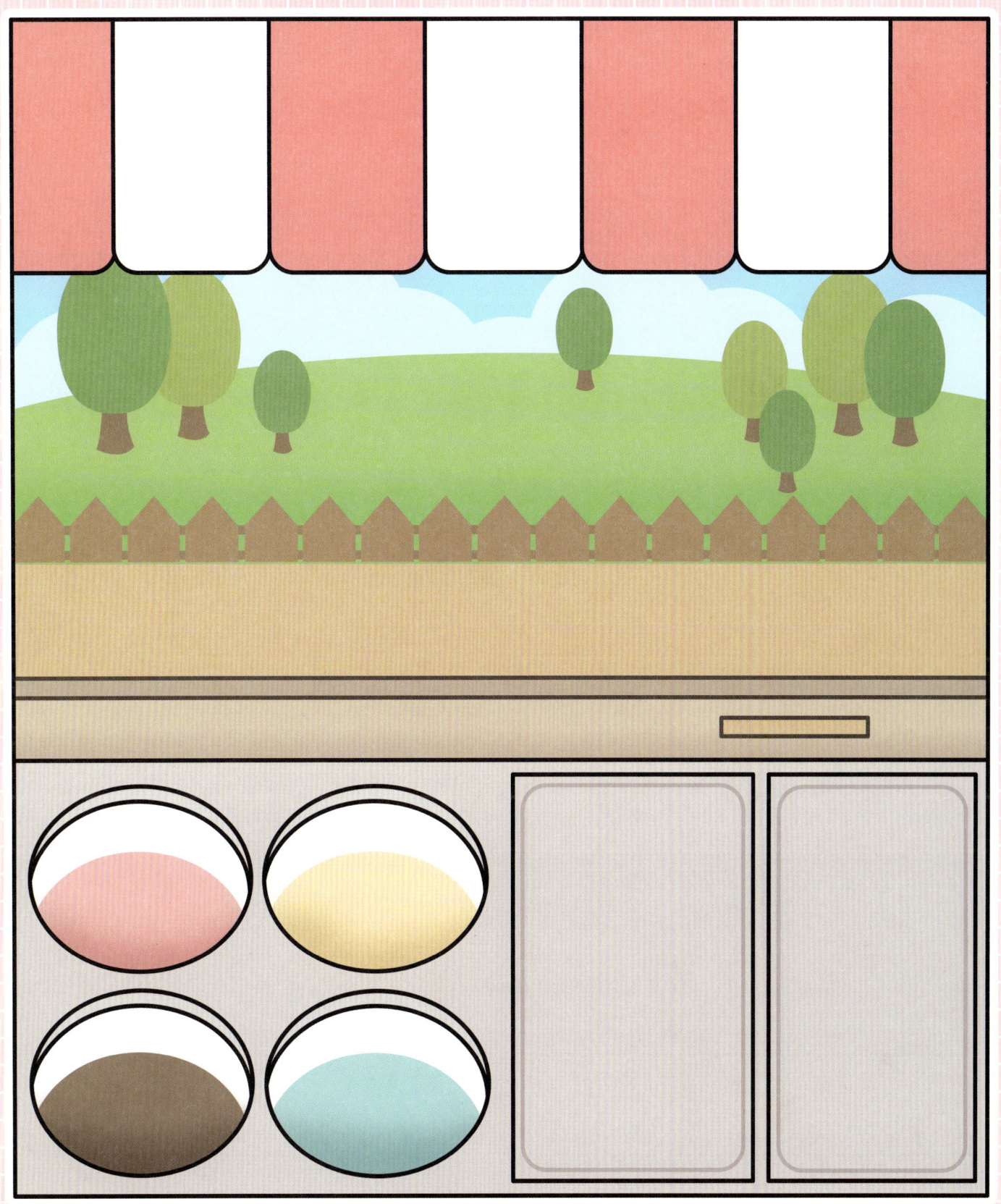

아이스크림 붕어빵 가게 　손코팅지 / 단면

▼ 책 도안 5

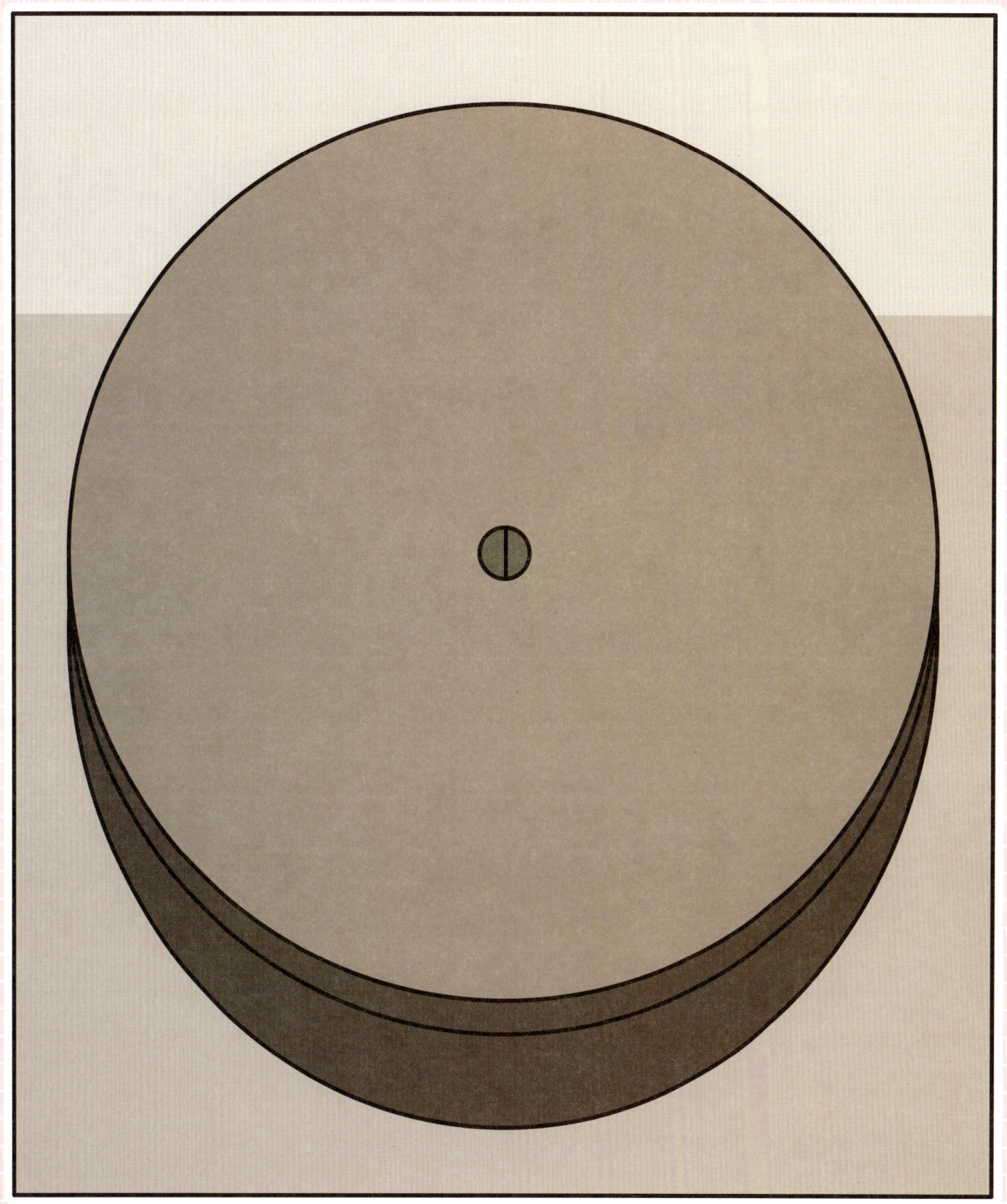

아이스크림 붕어빵 가게 손코팅지 / 단면

▼ 책 도안 6

아이스크림 붕어빵 가게   손코팅지 / 단면

▼ 붕어빵 기계

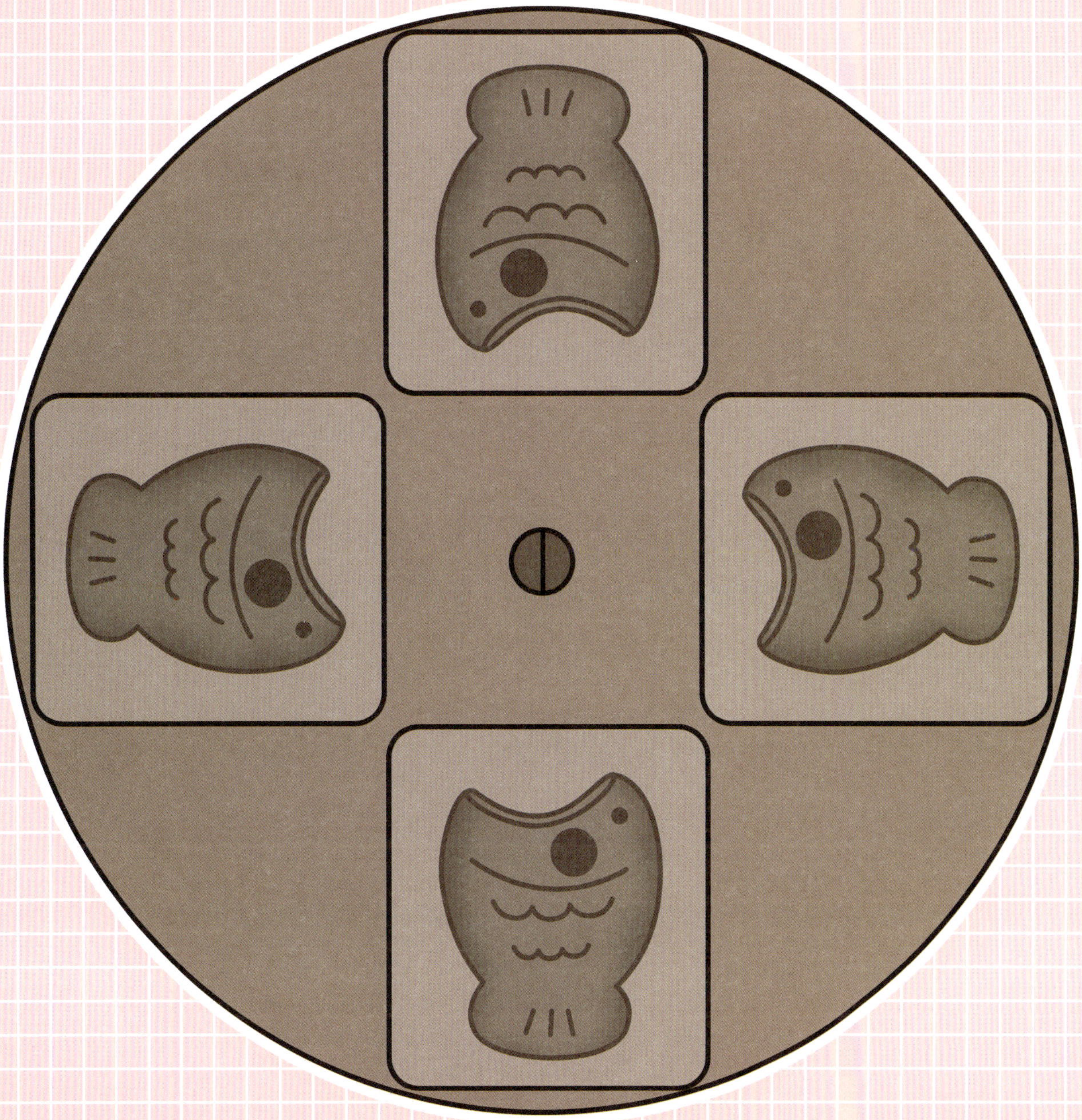

▼ 카드

▼ 계산대

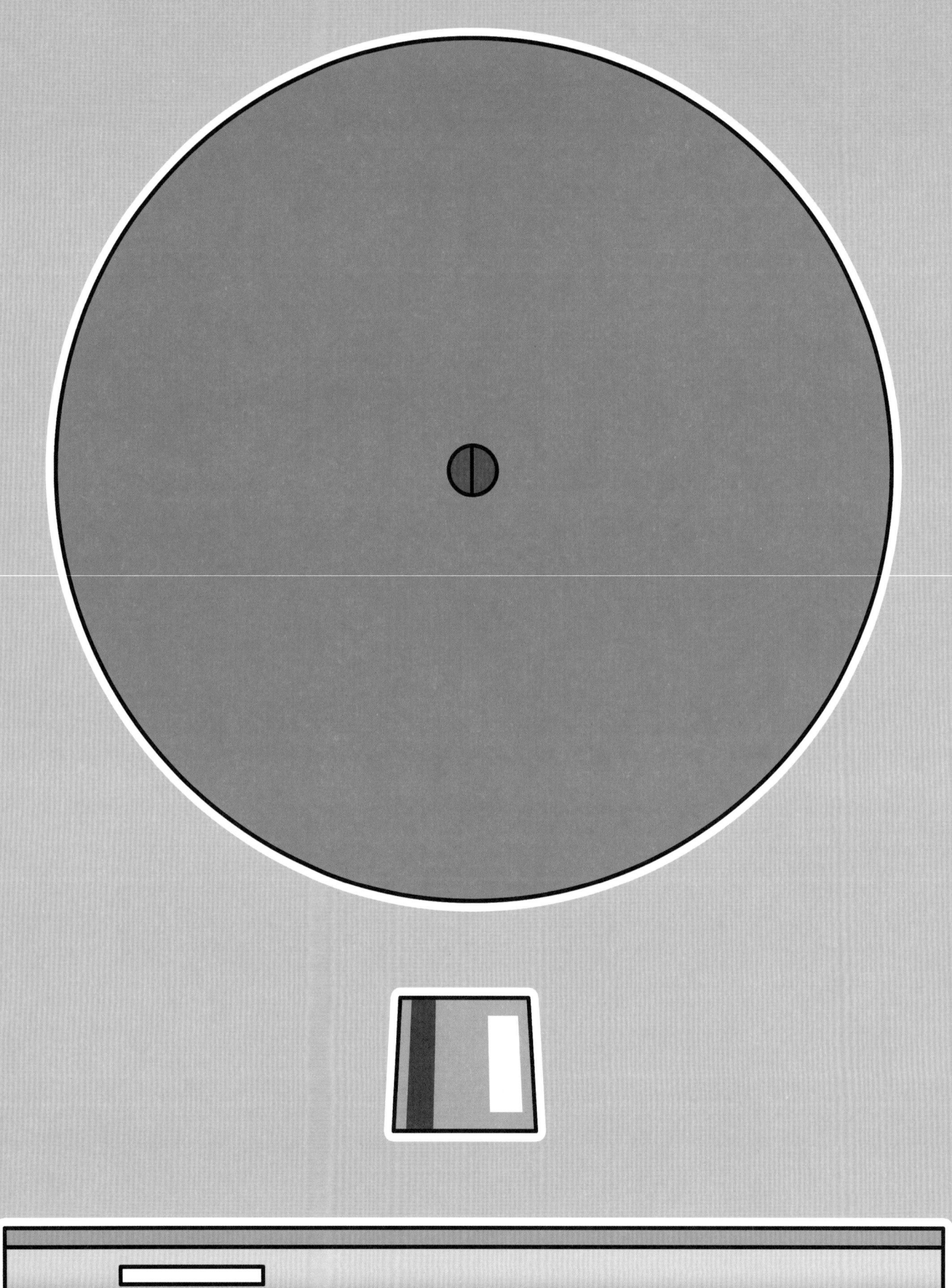

아이스크림 붕어빵 가게 　투명 박스 테이프 / 단면

붕어빵 틀 ▶

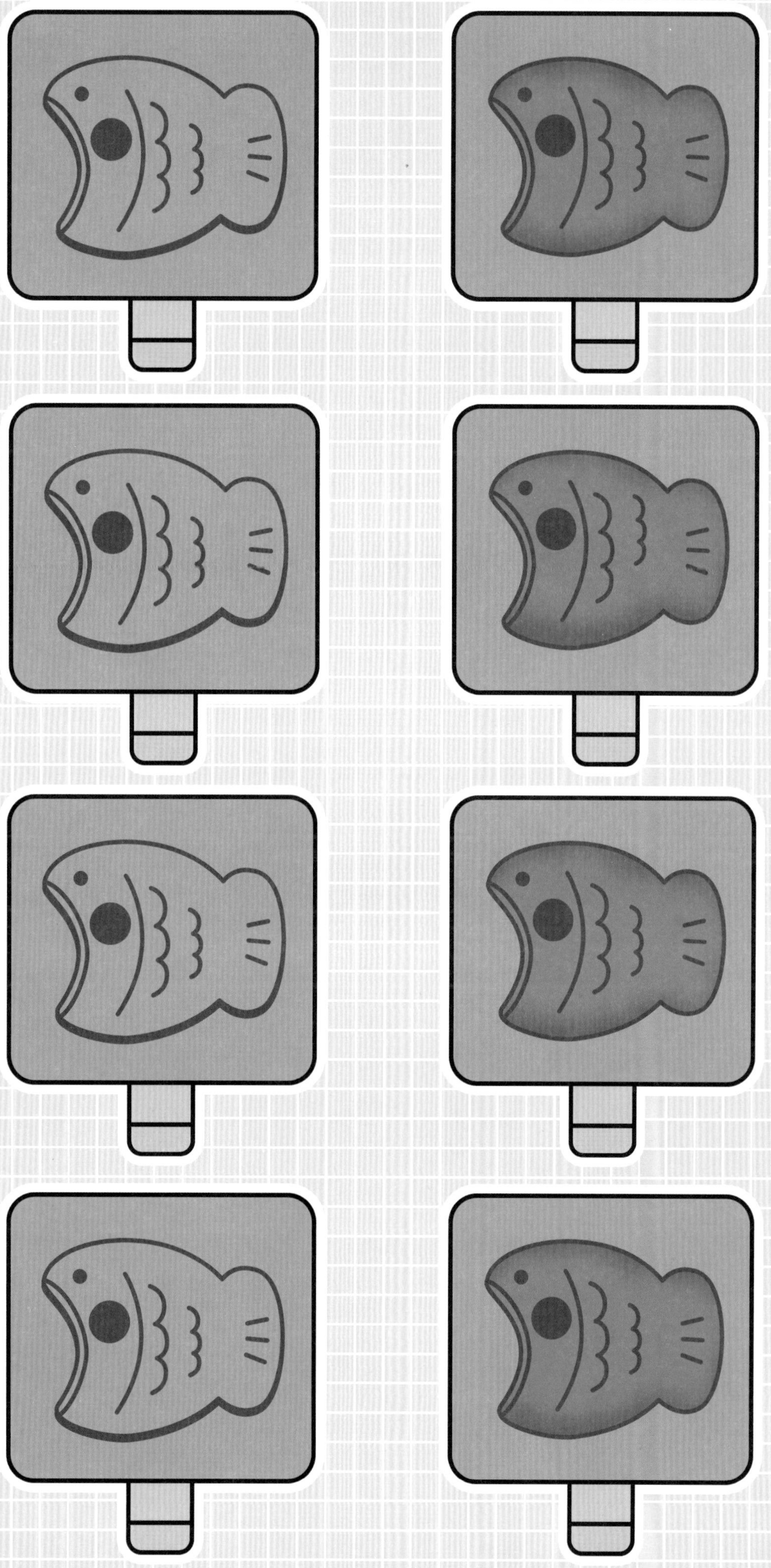

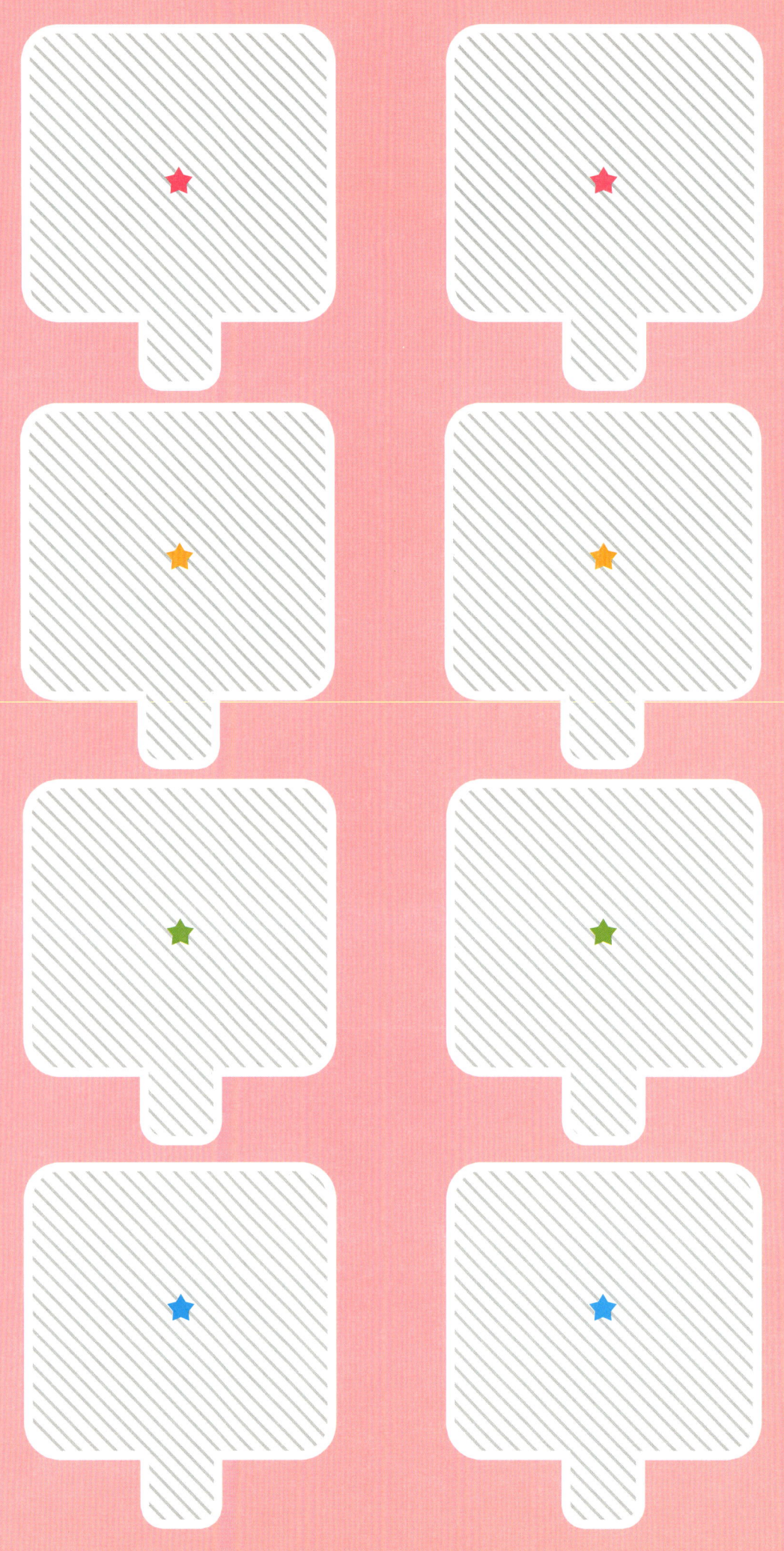

아이스크림 붕어빵 가게

투명 박스 테이프 / 단면

▼ 포장지

투명 박스 테이프 / 양면

▼ 붕어빵

▼ 반죽통

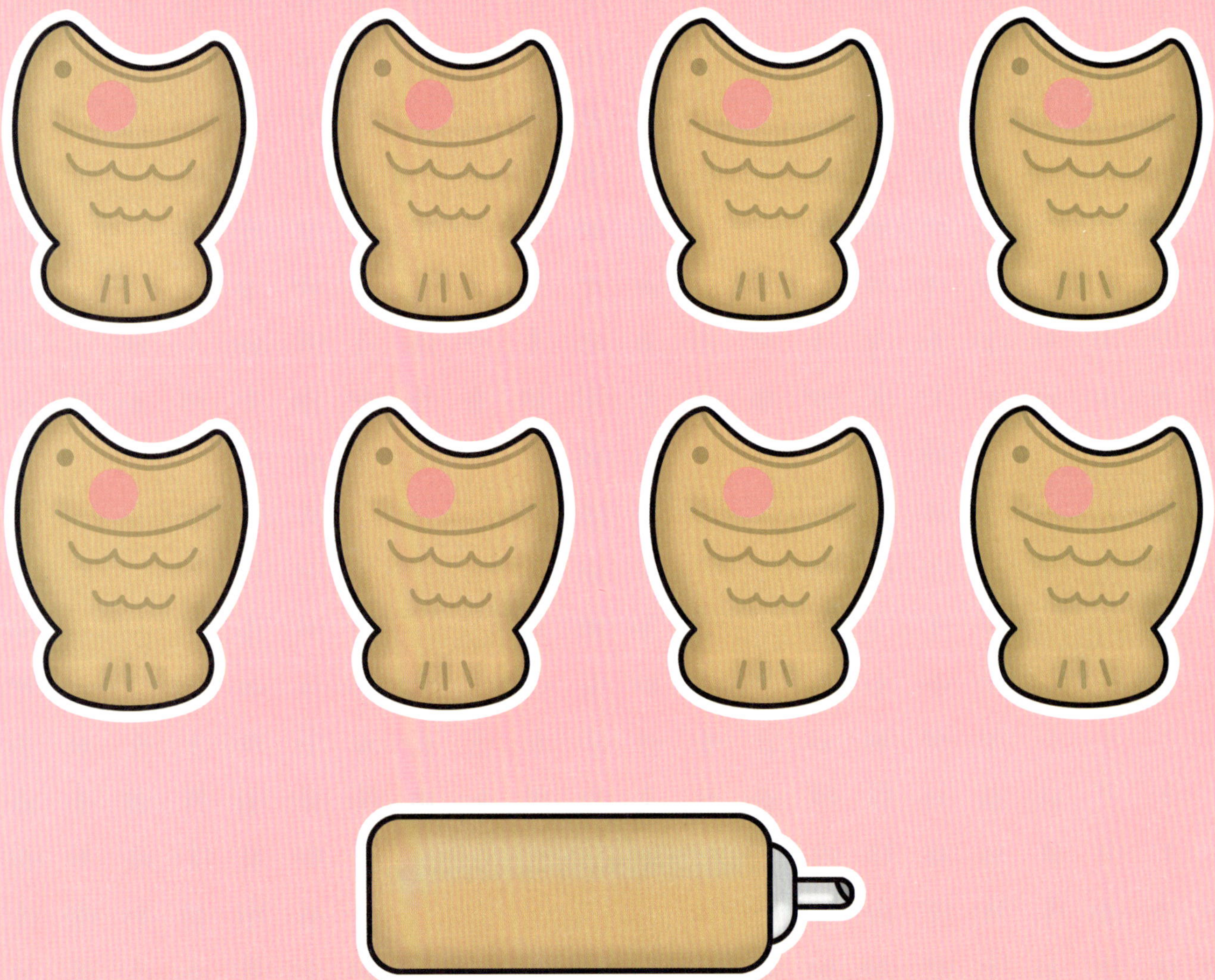

▼ 책 도안 1

달콤한 마카롱 가게 — 손코팅지 / 단면

▼ 책 도안 2

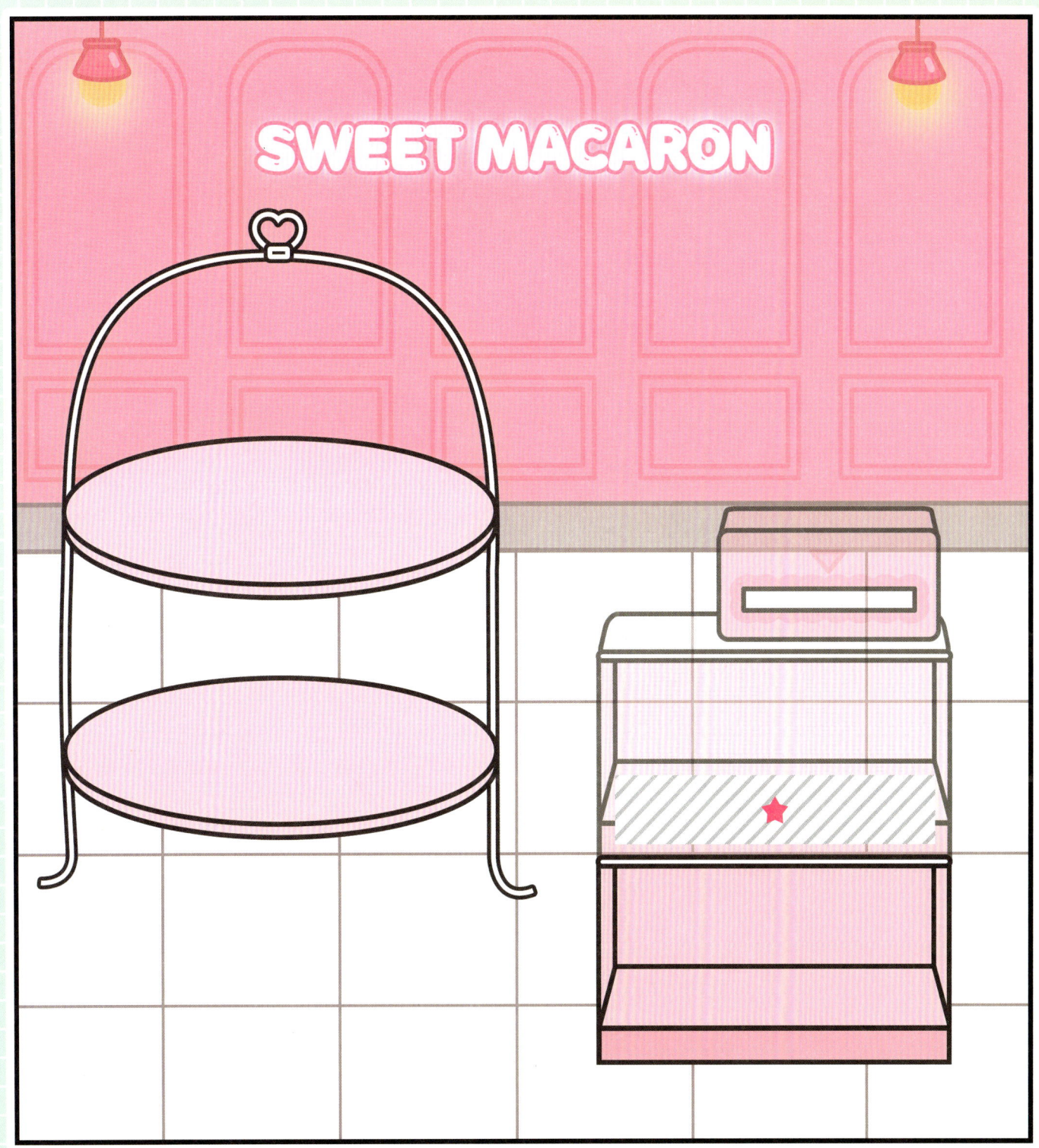

달콤한 마카롱 가게 　손코팅지 / 단면

▼ 책 도안 3

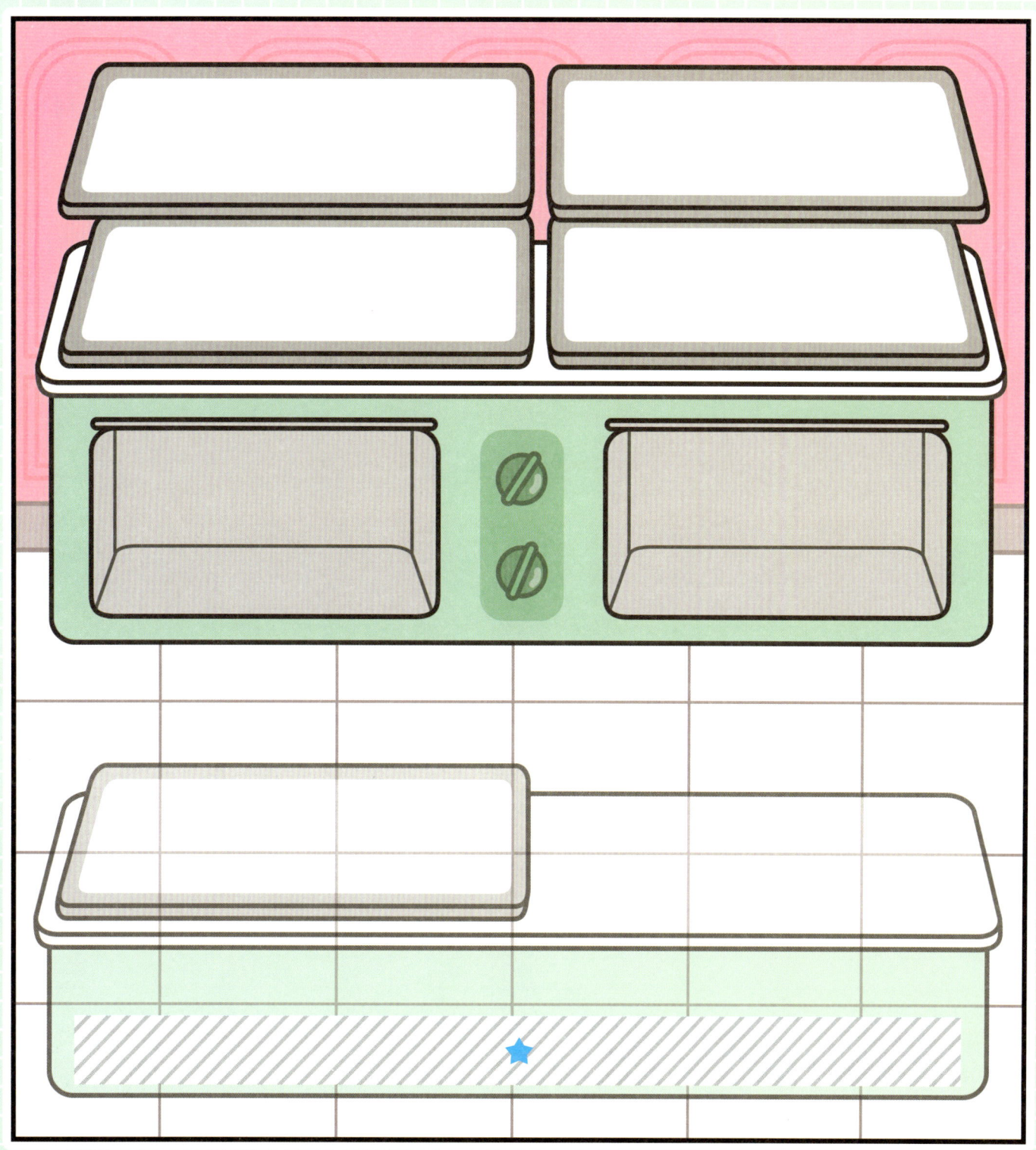

87

달콤한 마카롱 가게 　손코팅지 / 단면

▼ 책 도안 4

소워니놀이터

달콤한 마카롱 가게

© SOWONY PLAYGROUND All rights reserved.

달콤한 마카롱 가게

▼ 오븐 문

투명 박스 테이프 / 단면

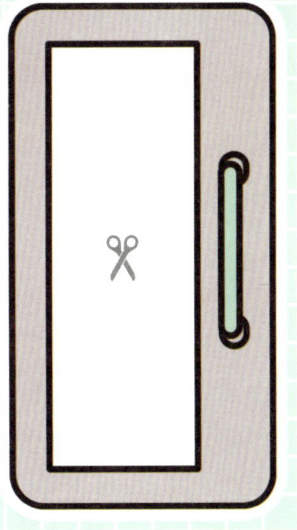 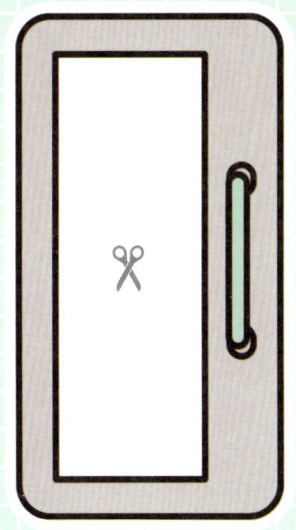 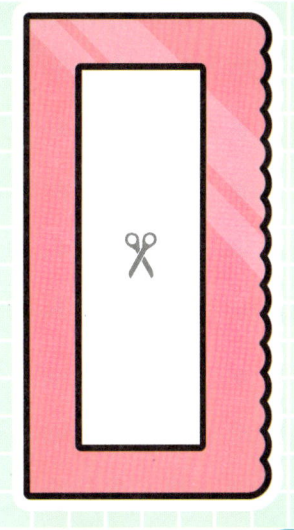 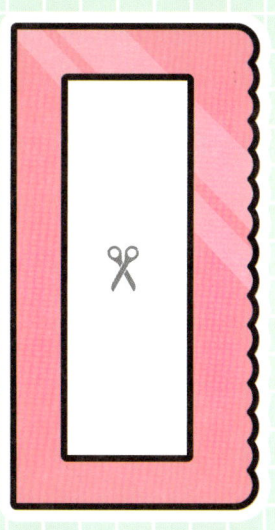

▲ 쇼케이스 문

투명 박스 테이프 / 양면

▼ 소품

젤리곰 공장 *손코팅지 / 단면*

▼ 책 도안 1

젤리곰 공장 `손코팅지 / 단면`

▼ 책 도안 4

© SOWONY PLAYGROUND All rights reserved.

젤리곰 공장 — 투명 박스 테이프 / 양면

▼ 포장 상자

 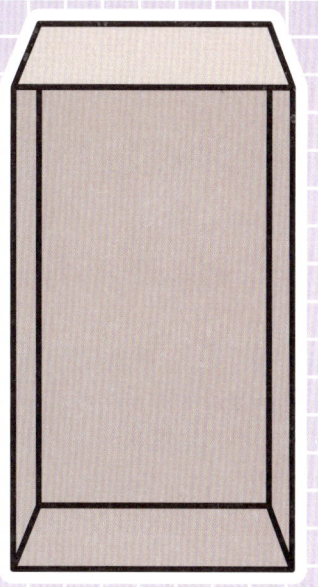

▼ 포장 상자 문

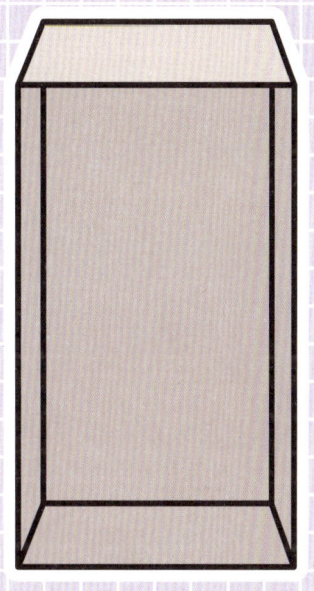   

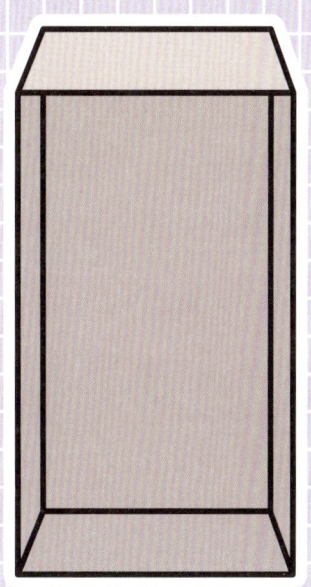

▼ 젤리곰 도장

젤리곰 공장 　 투명 박스 테이프 / 양면

▼ 소품　　　　　　　　　　▼ 직원

▼ 장식 보관 도안　　　　　　　　▼ 잠금 도안

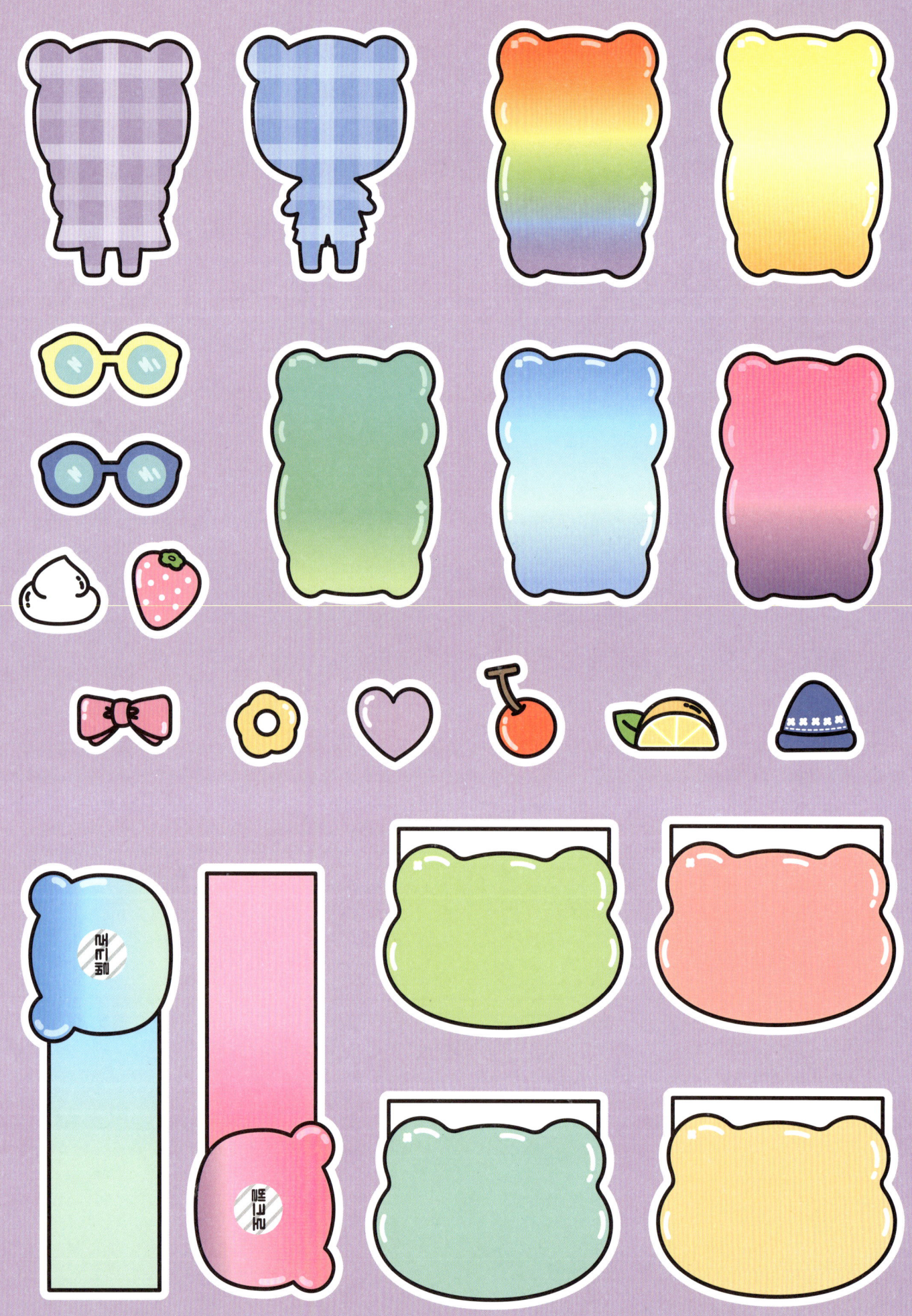

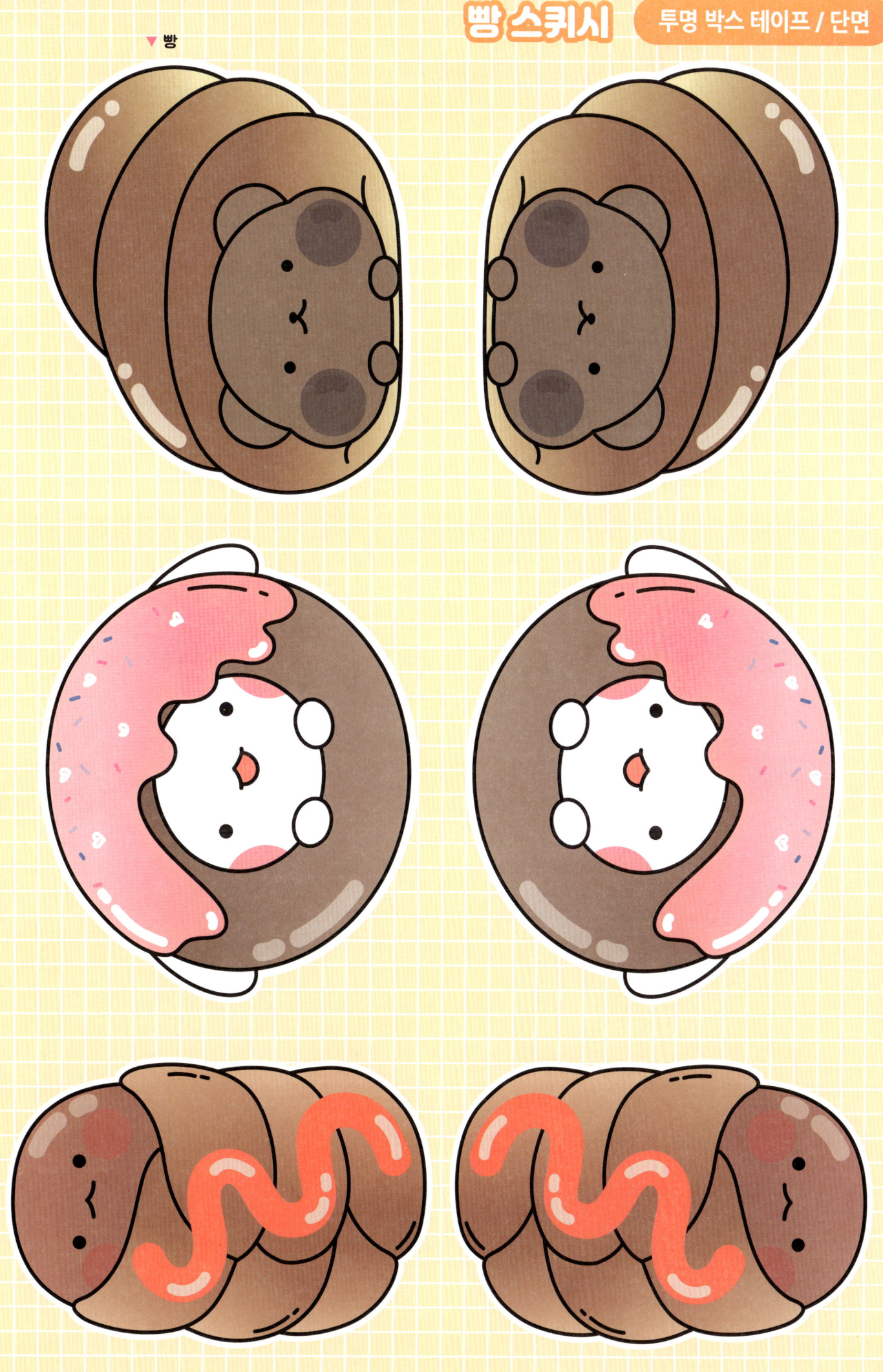

빵 스퀴시 투명 박스 테이프 / 단면

▼빵

빵

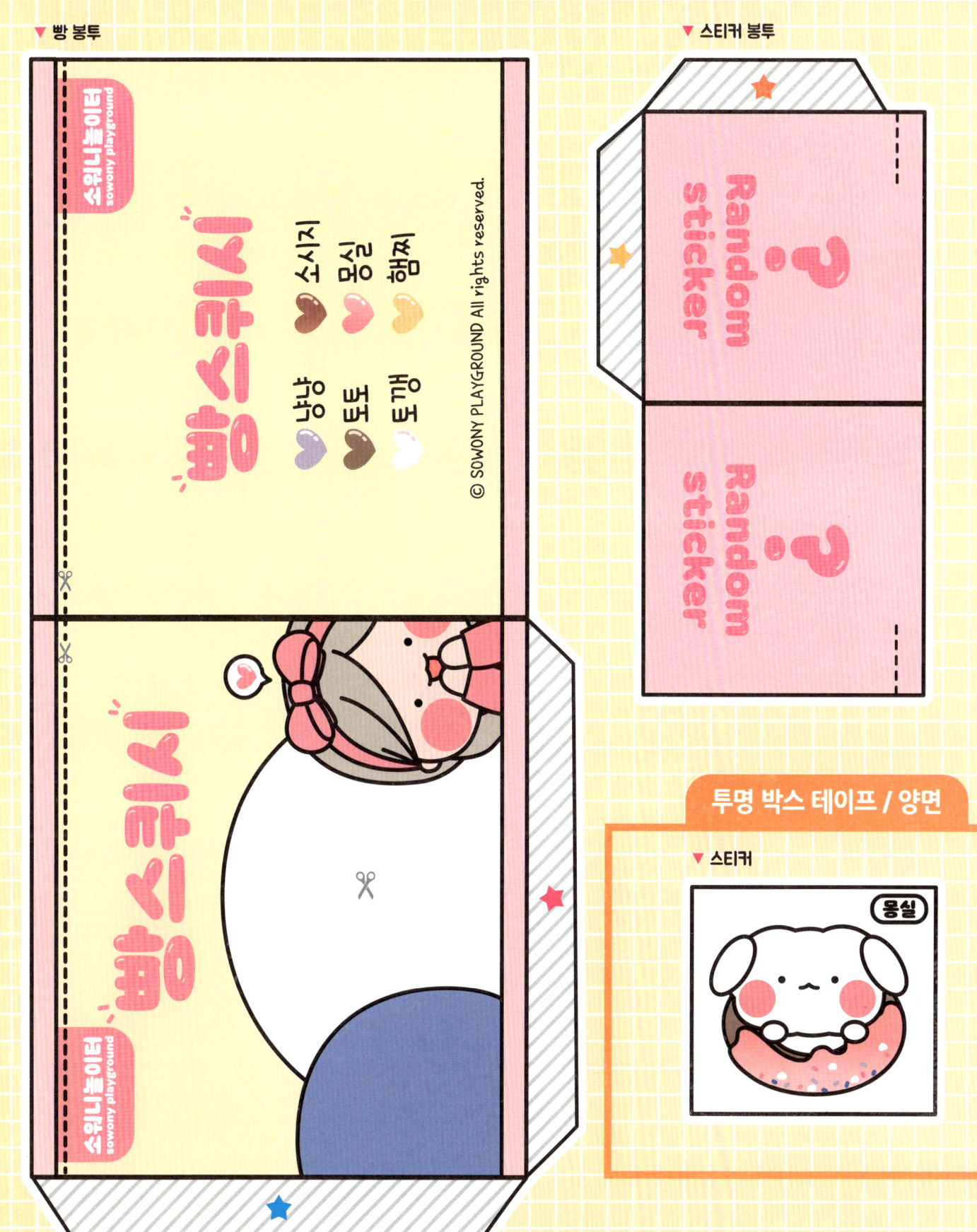

빵 스퀴시 코팅 X

▼ 빵 봉투

▼ 스티커 봉투

투명 박스 테이프 / 양면

▼ 스티커

빵 스퀴시 　코팅 X

▼ 빵 봉투

▼ 스티커 봉투

소워니놀이터 sowony playground

빵스퀴시

소시지
모음
햄치즈
냥냥
토토
토끼잼

© SOWONY PLAYGROUND All rights reserved.

Random sticker

Random sticker

빵스퀴시

소워니놀이터 sowony playground

투명 박스 테이프 / 양면

▼ 스티커

냥냥

▼ 빵 봉투

빵 스퀴시 코팅 X

▼ 빵 봉투

▼ 스티커 봉투

투명 박스 테이프 / 양면

▼ 스티커

▼ 책 도안 1

몽실이 딸기우유 스퀴시북   손코팅지 / 단면

OPEN ▲

Strawberry Milk

딸기우유

500ml

▼ 책 도안 2

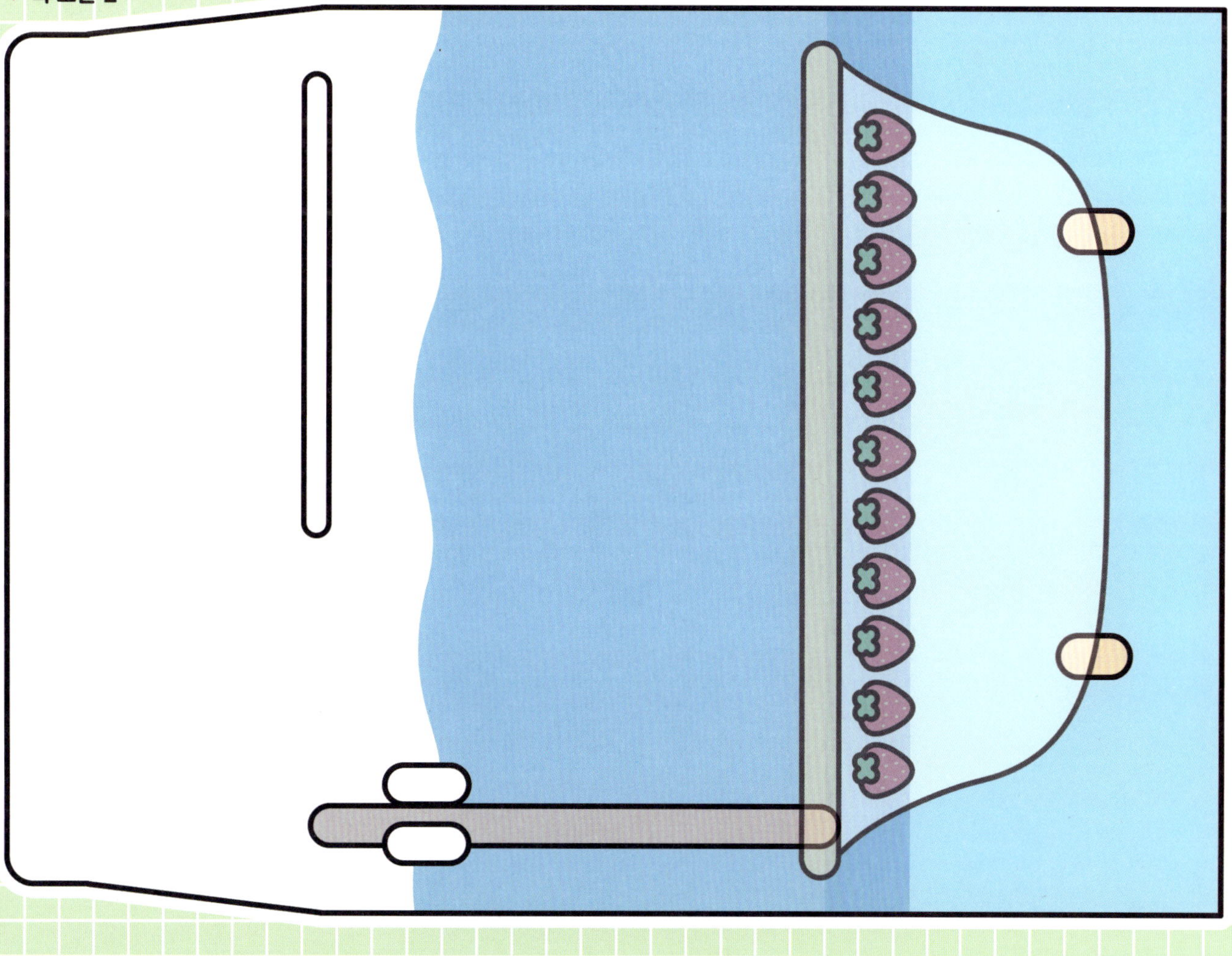

125

▼ 책 도안 3

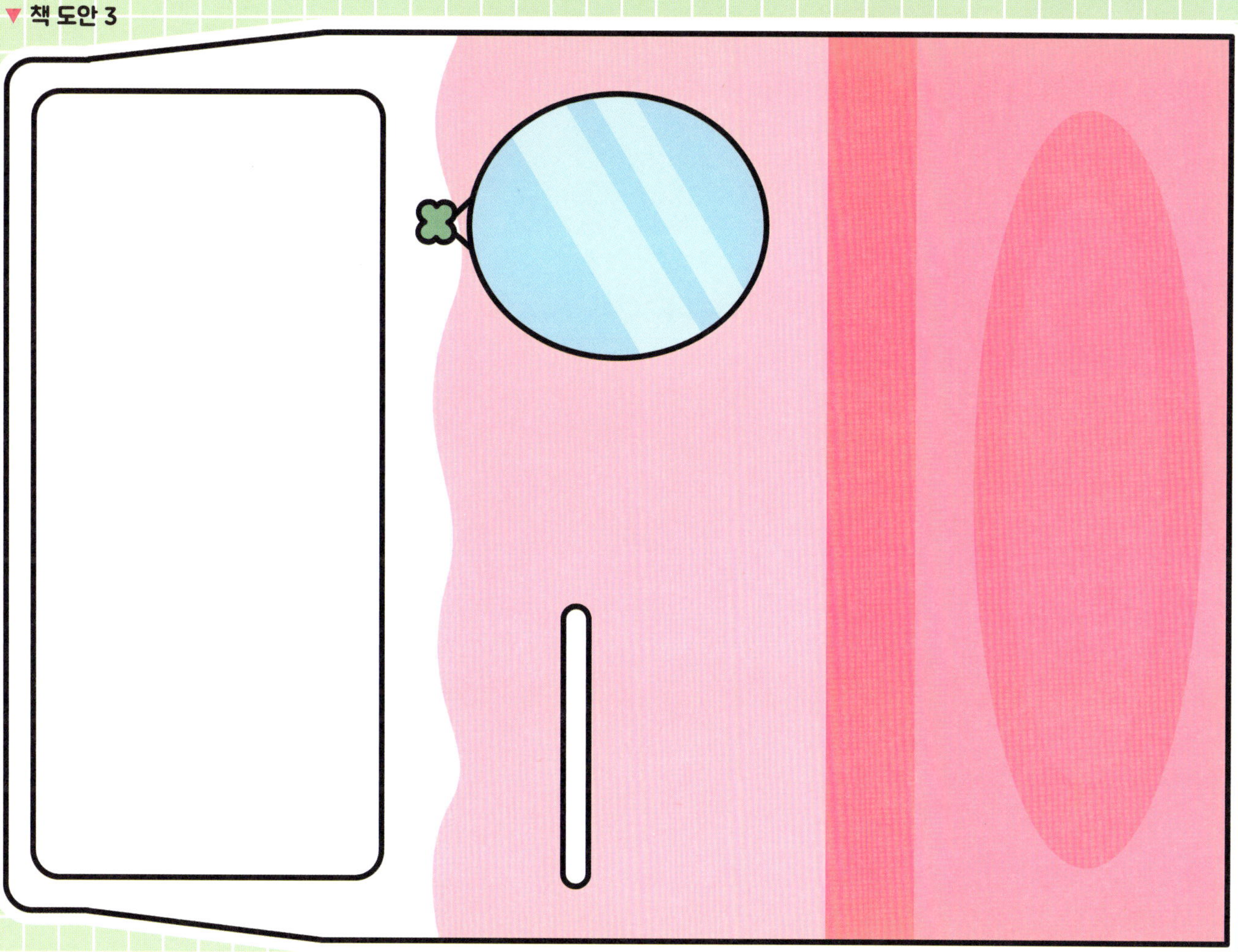

몽실이 딸기우유 스퀴시북

손코팅지 / 단면

▼ 책 도안 4

127

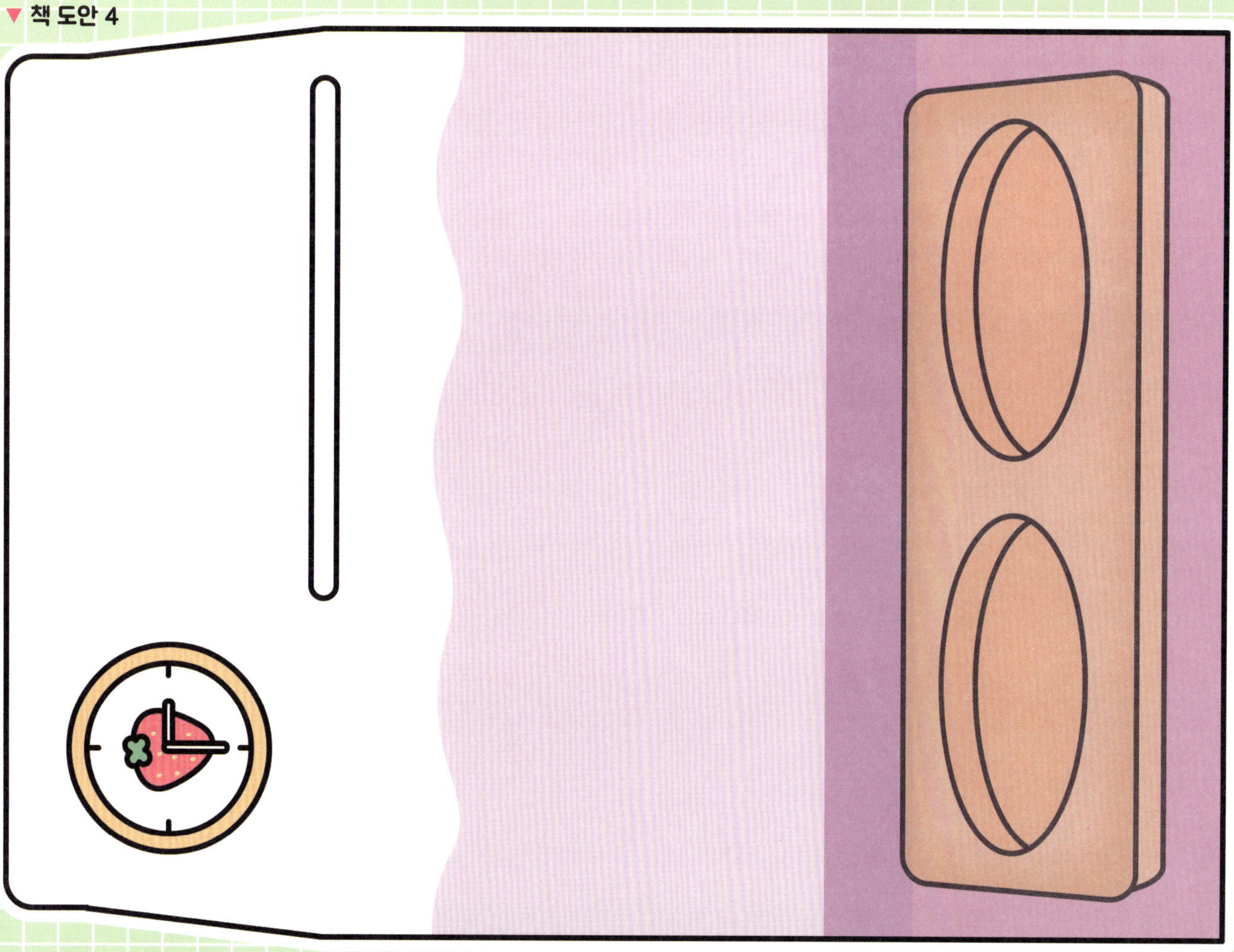

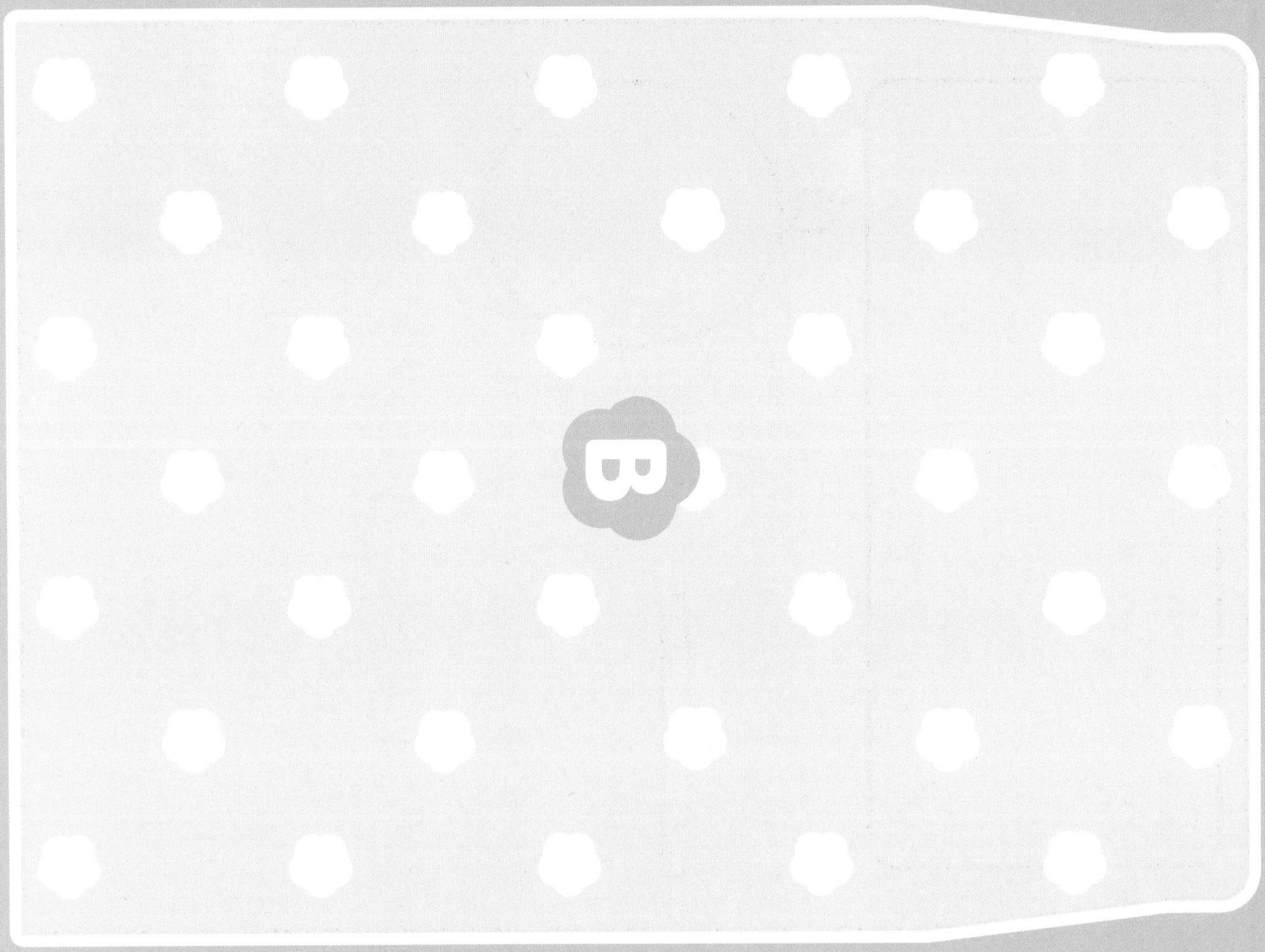
B

B

몽실이 딸기우유 스퀴시북 *손코팅지 / 단면*

▼ 책 도안 5

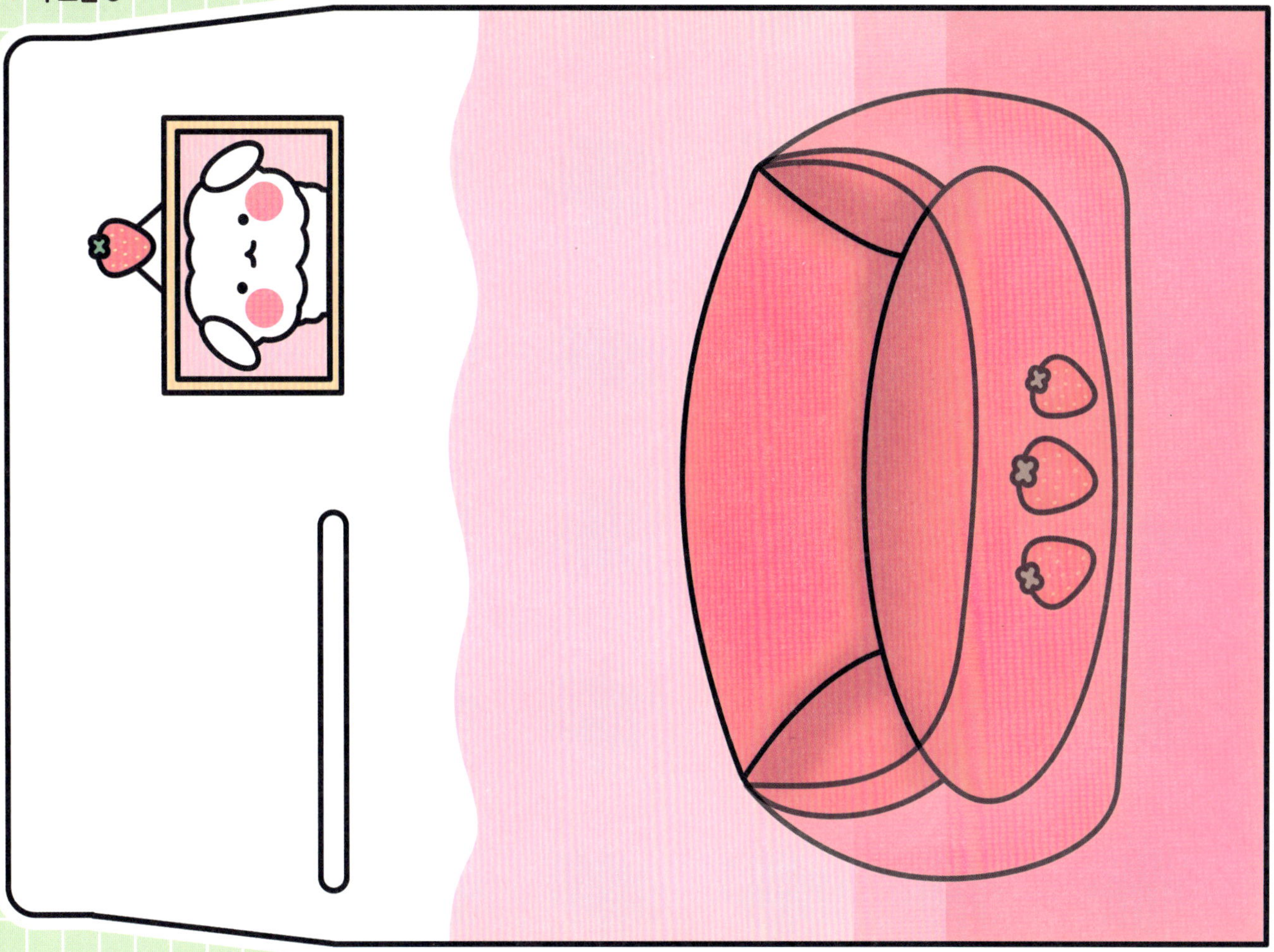

▼ 책 도안 6

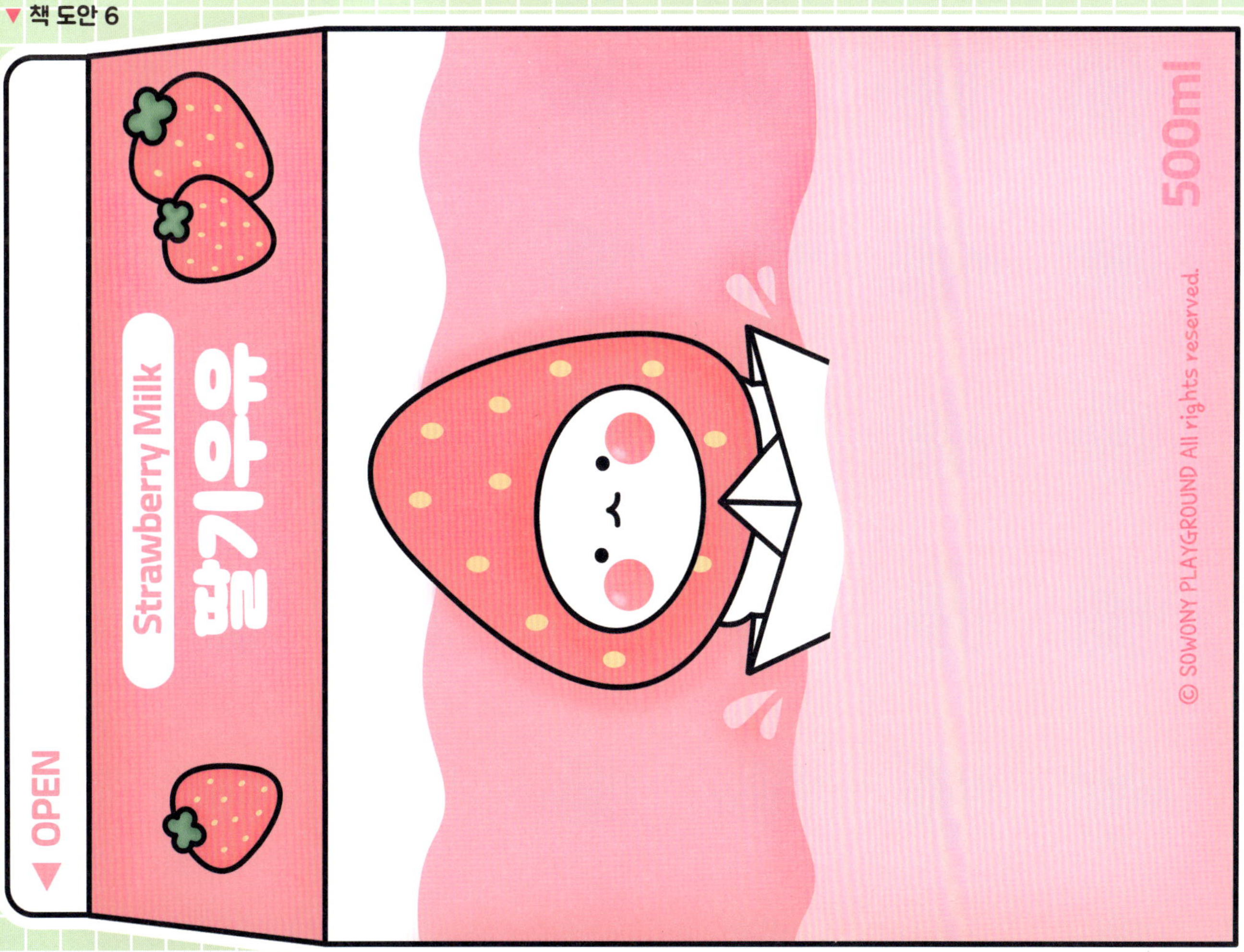

Strawberry Milk
딸기우유
OPEN
500ml
© SOWONY PLAYGROUND All rights reserved.

130

몽실이 딸기우유 스쿼시북

손코팅지 / 양면

▼ 욕조

▼ 액세서리

▼ 종이배

▼ 방석

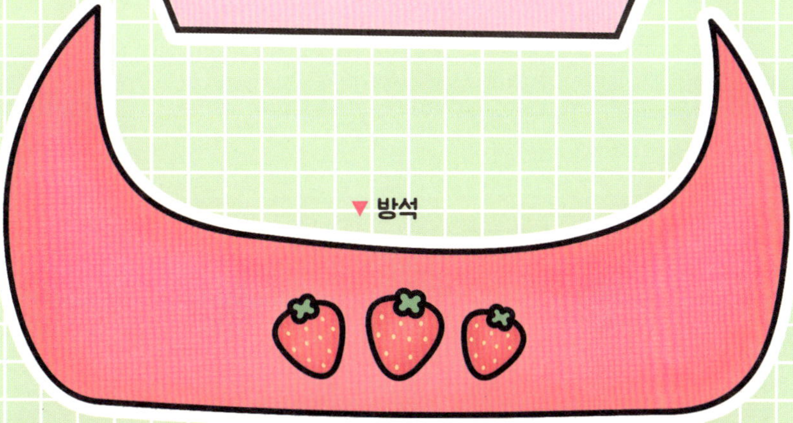

▼ 옷

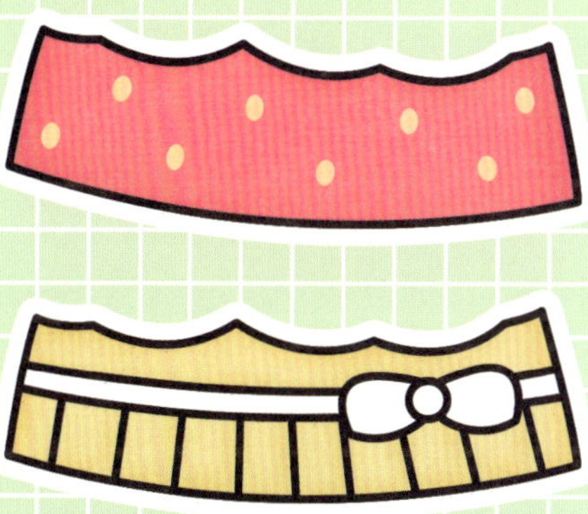

▼ 밥그릇

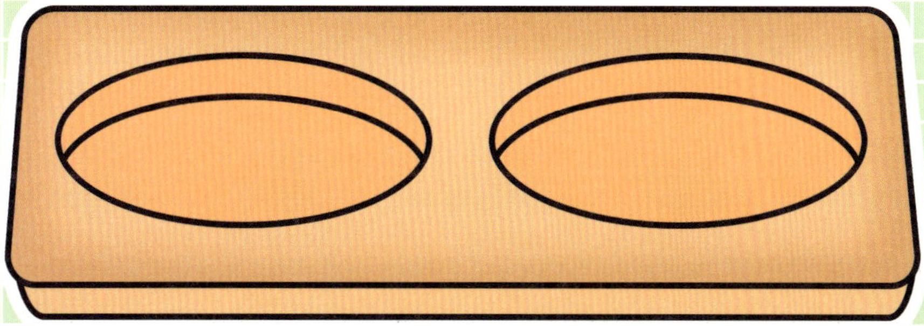

투명 박스 테이프 / 단면

▼ 연결 도안

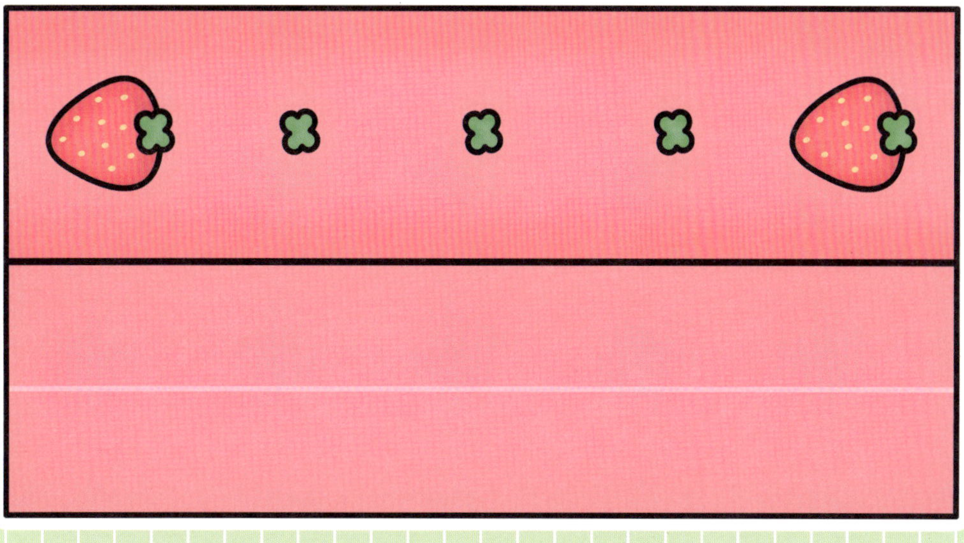

▼ 샤워기

몽실이 딸기우유 스퀴시북

투명 박스 테이프 / 단면

▼ 몽실

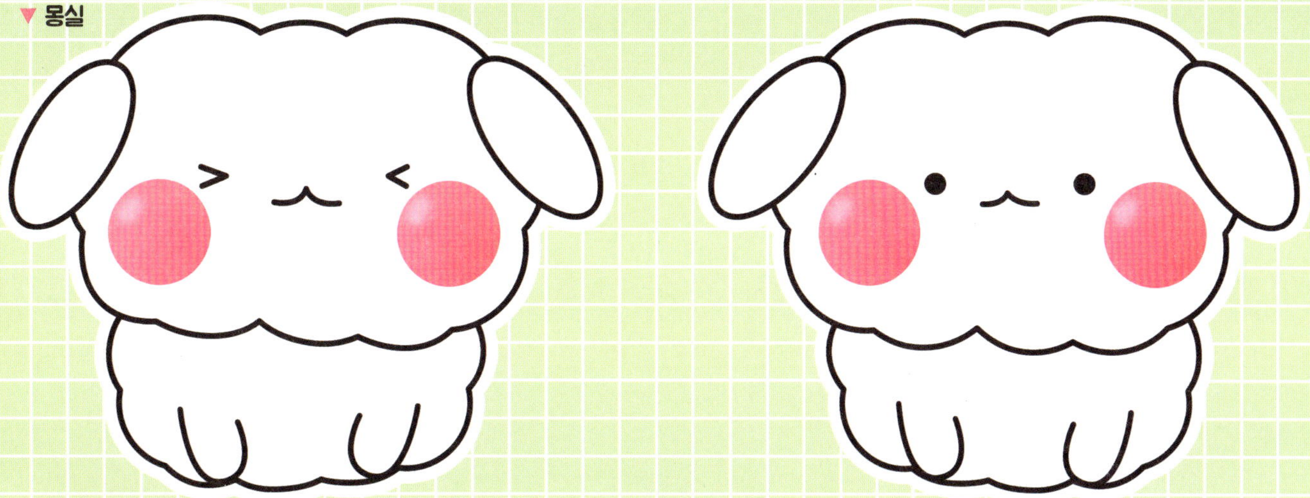

▼ 몽실이 소개서

▼ 물

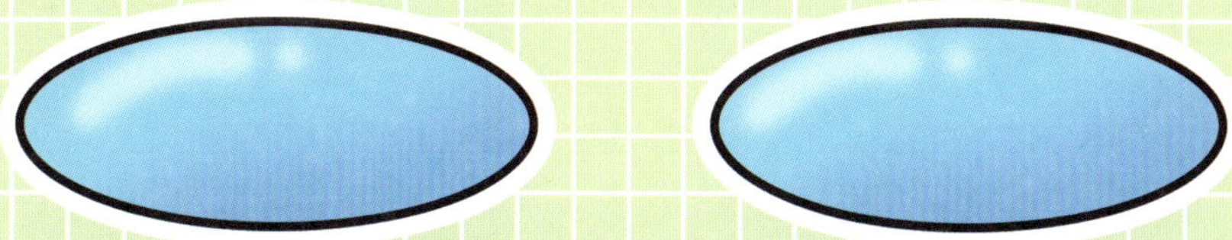

▼ 사료

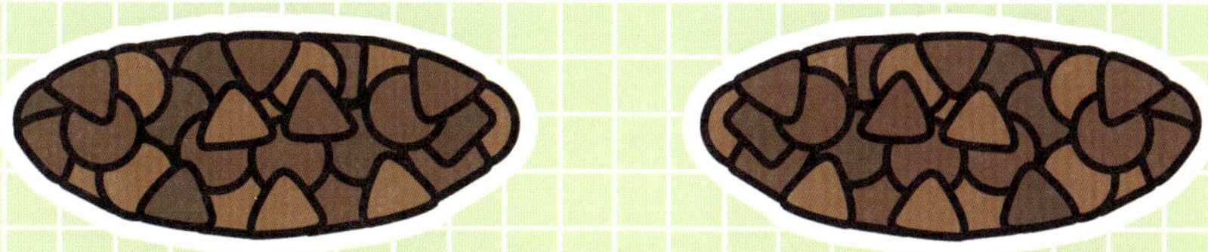

▼ 수건

▼ 빗

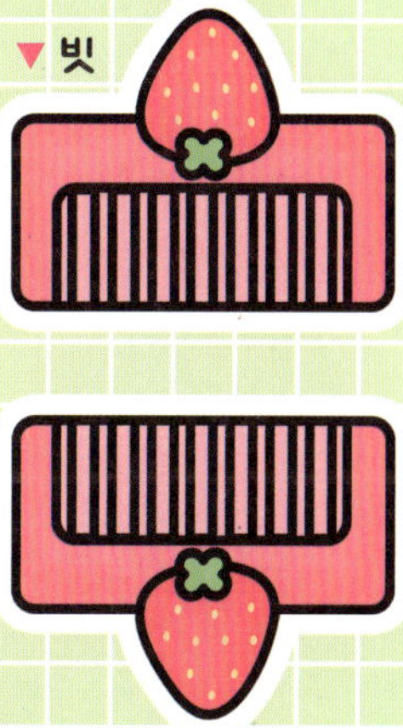

▼ 딸기 인형

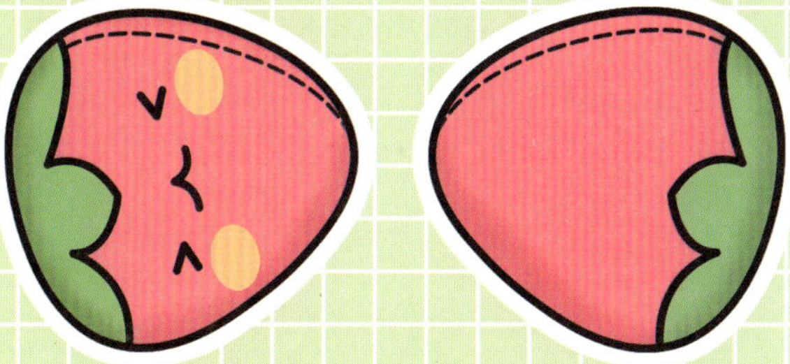

▼ 샴푸

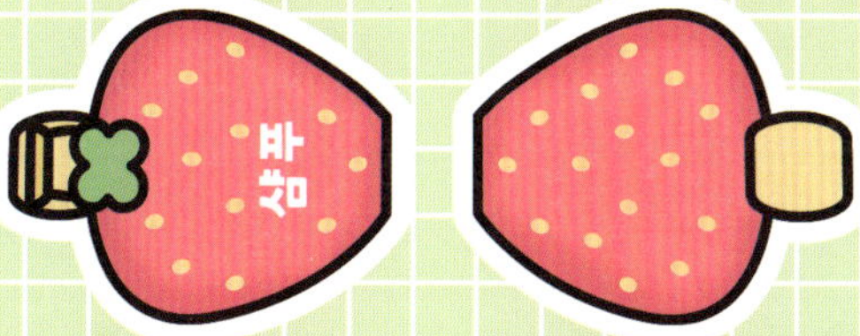

투명 박스 테이프 / 양면

▼ 잠금 도안

벨크로

냥구르트 스퀴시북 　손코팅지 / 단면

▼ 책 도안 1

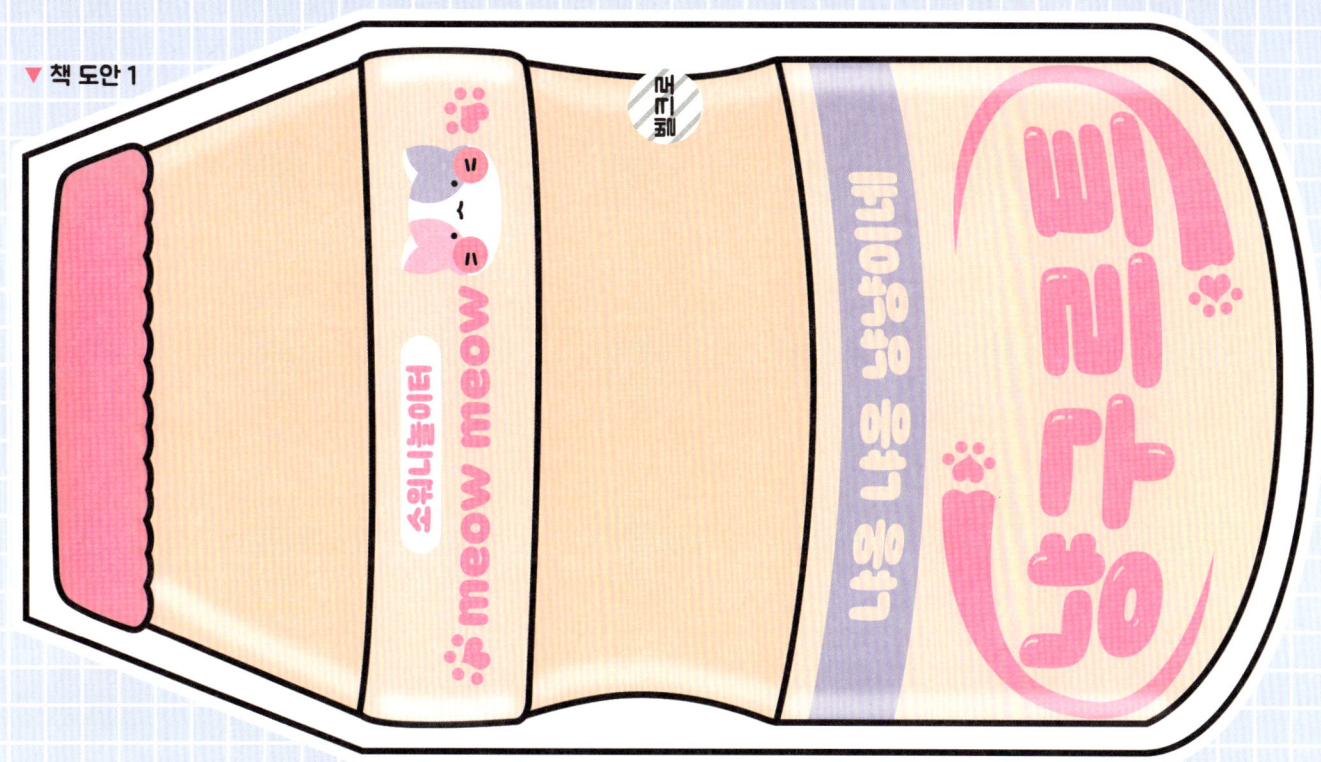

▼ 책 도안 2

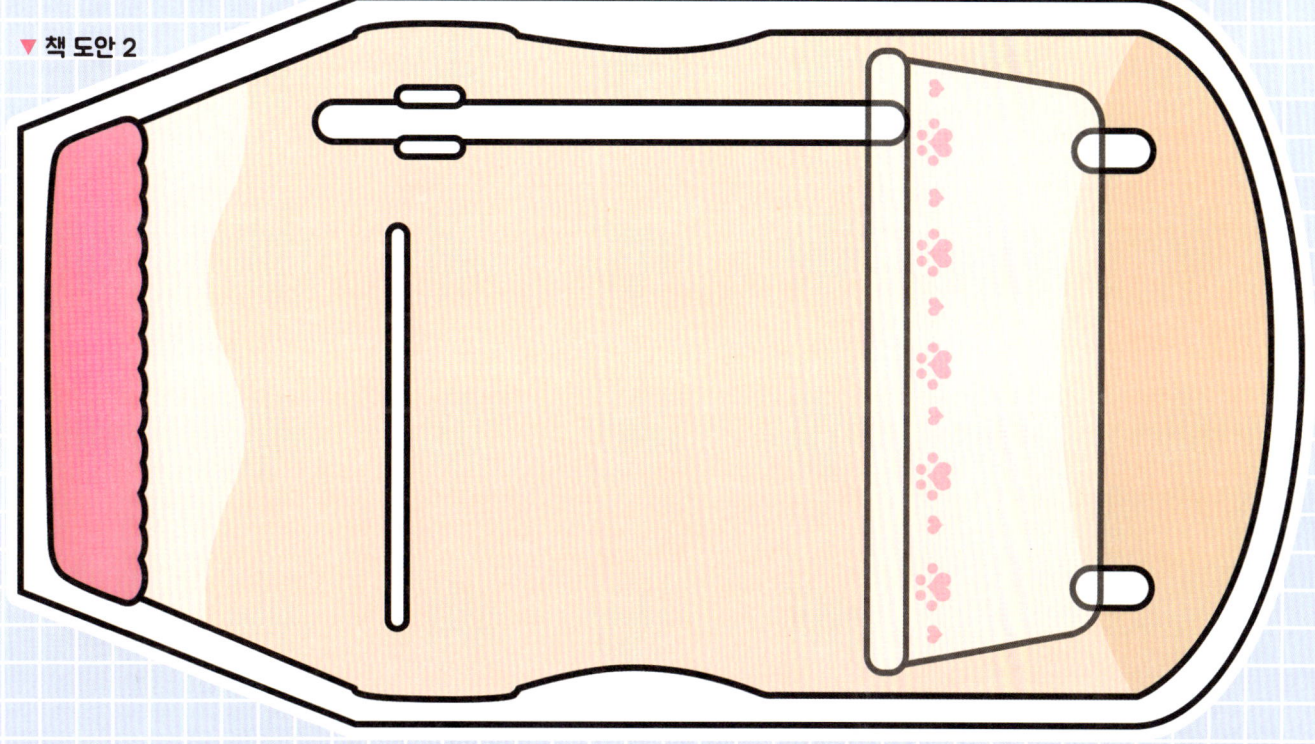

▼ 연결 도안

135

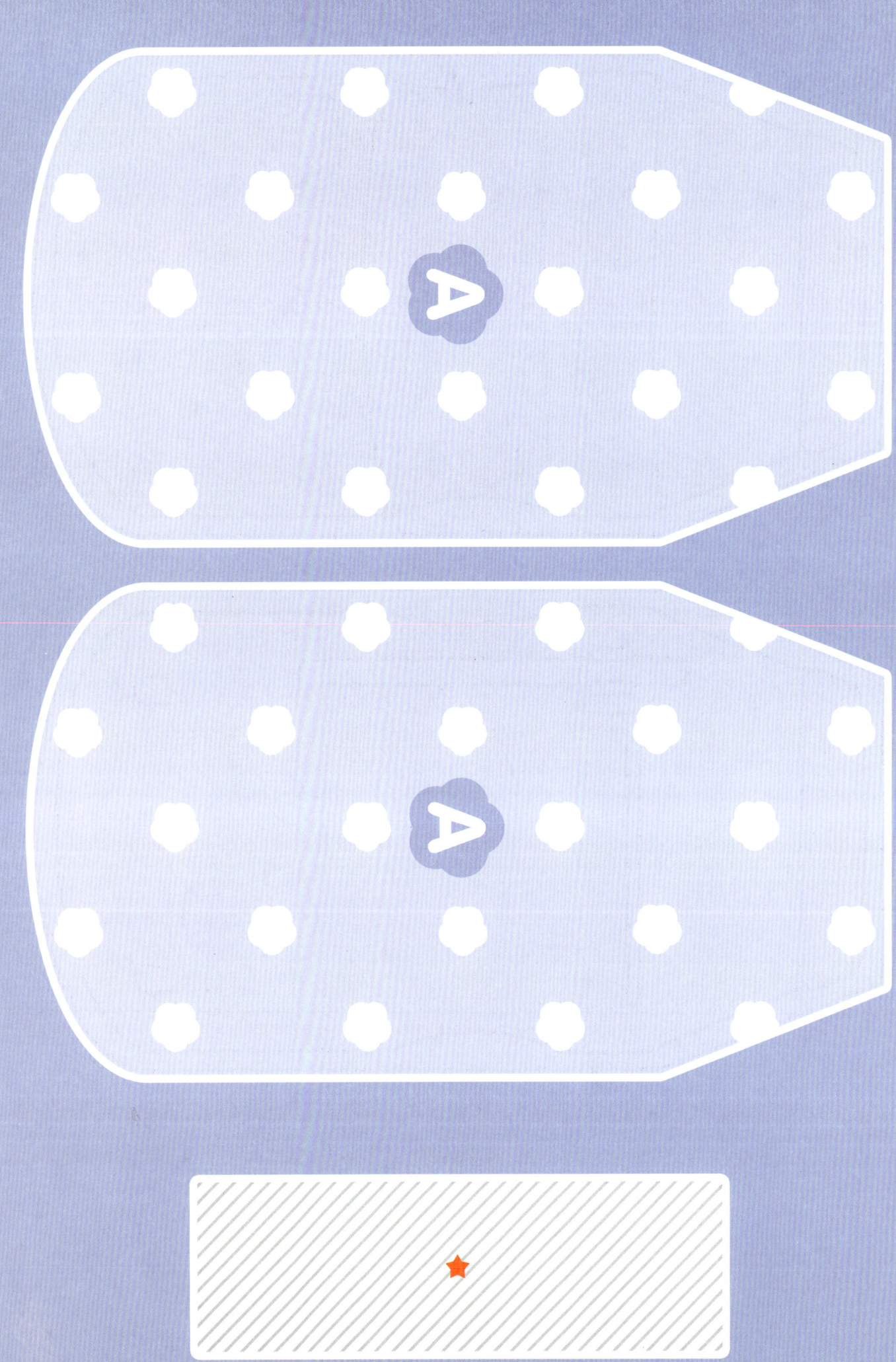

냥구르트 스퀴시북 손코팅지 / 단면

▼ 책 도안 3

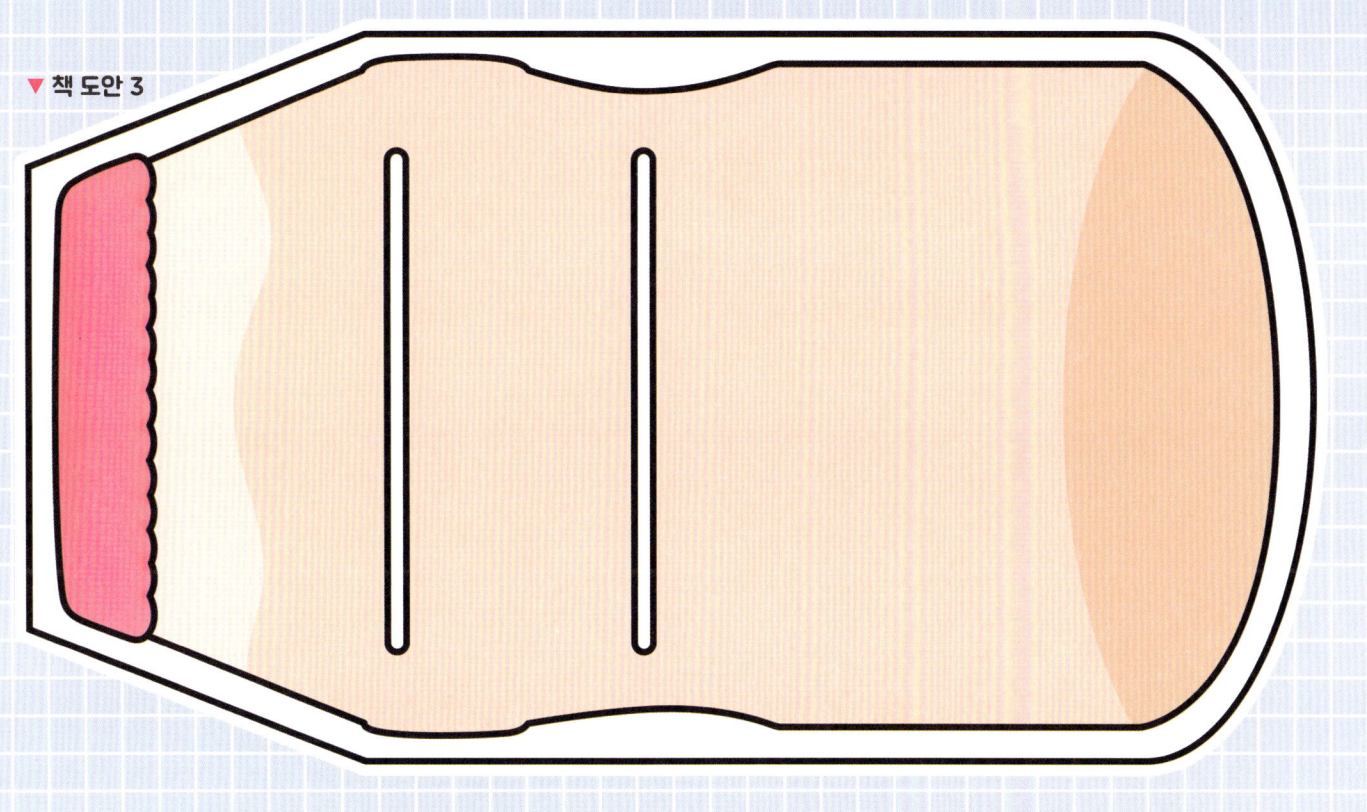

▼ 책 도안 4

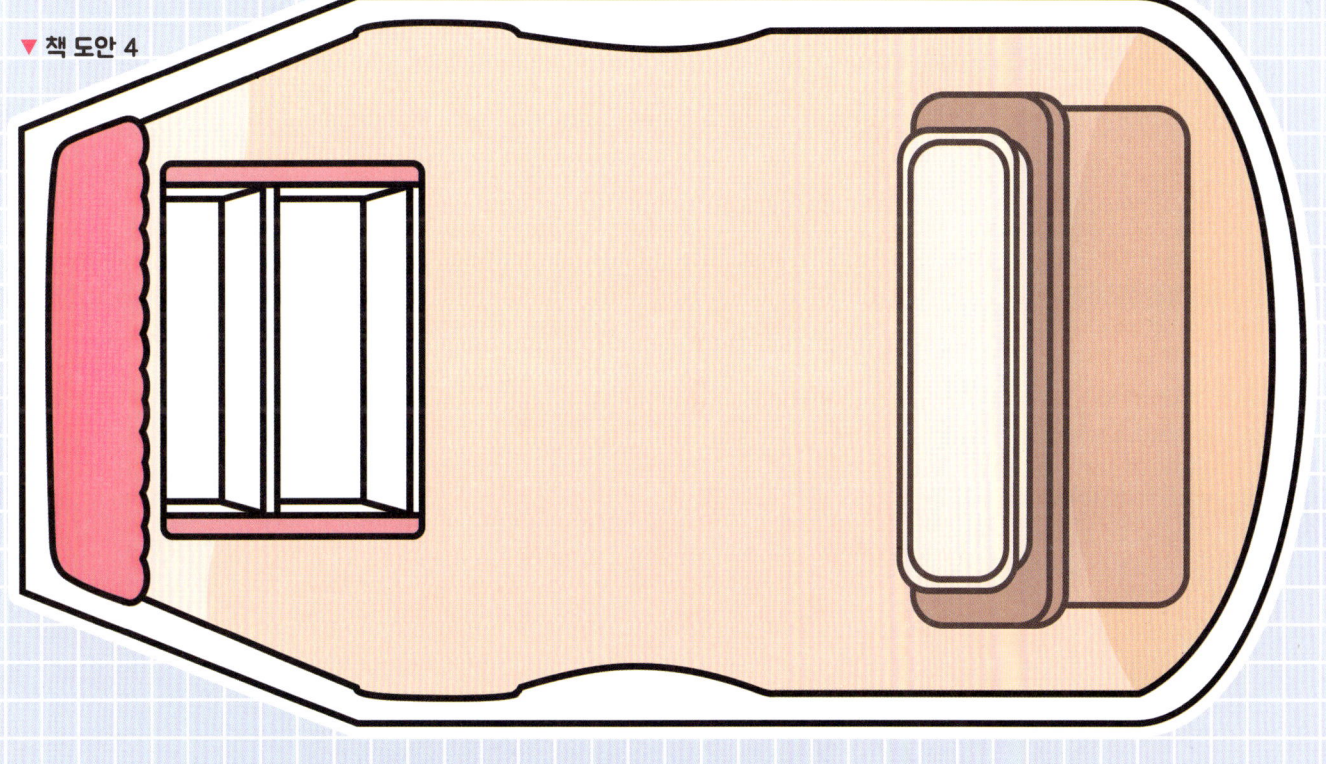

▼ 연결 도안

냥구르트 스퀴시북

손코팅지 / 단면

▼ 책 도안 5

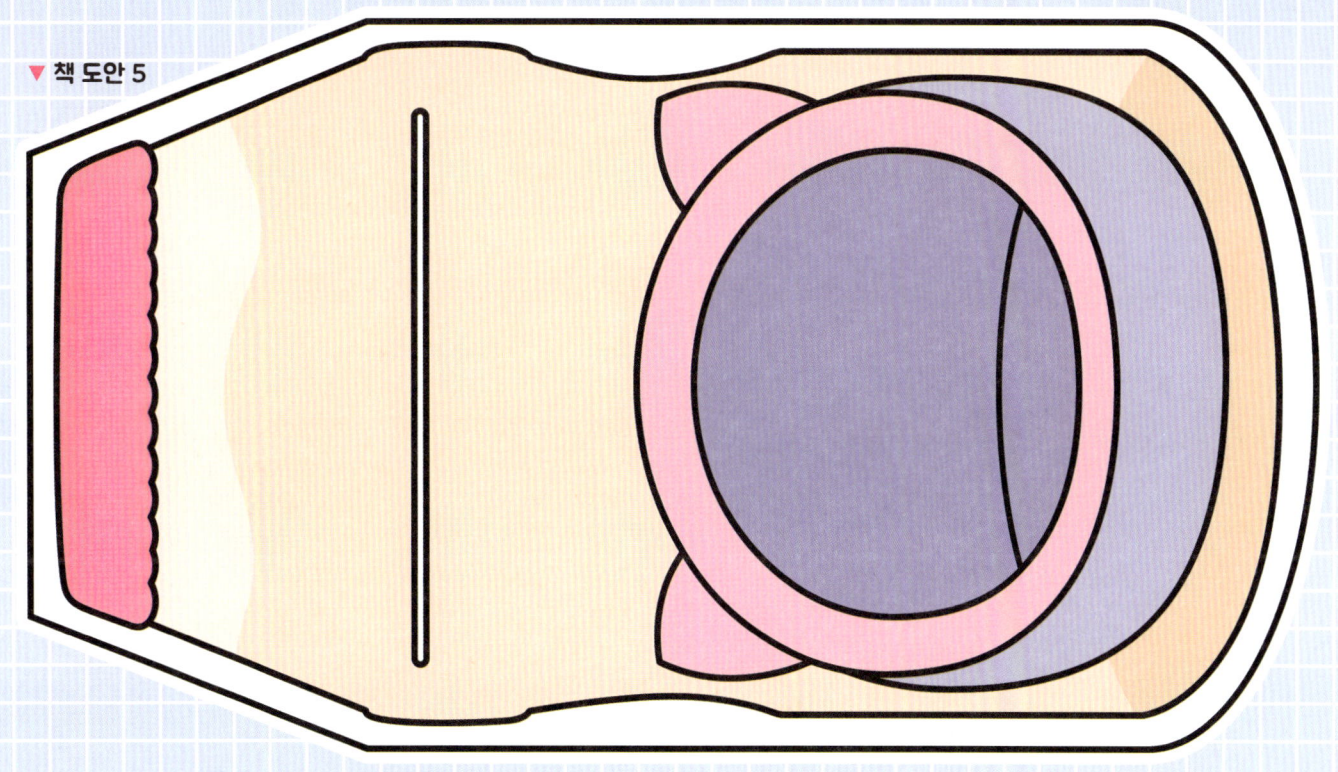

▼ 책 도안 6

투명 박스 테이프 / 양면

▼ 잠금 도안

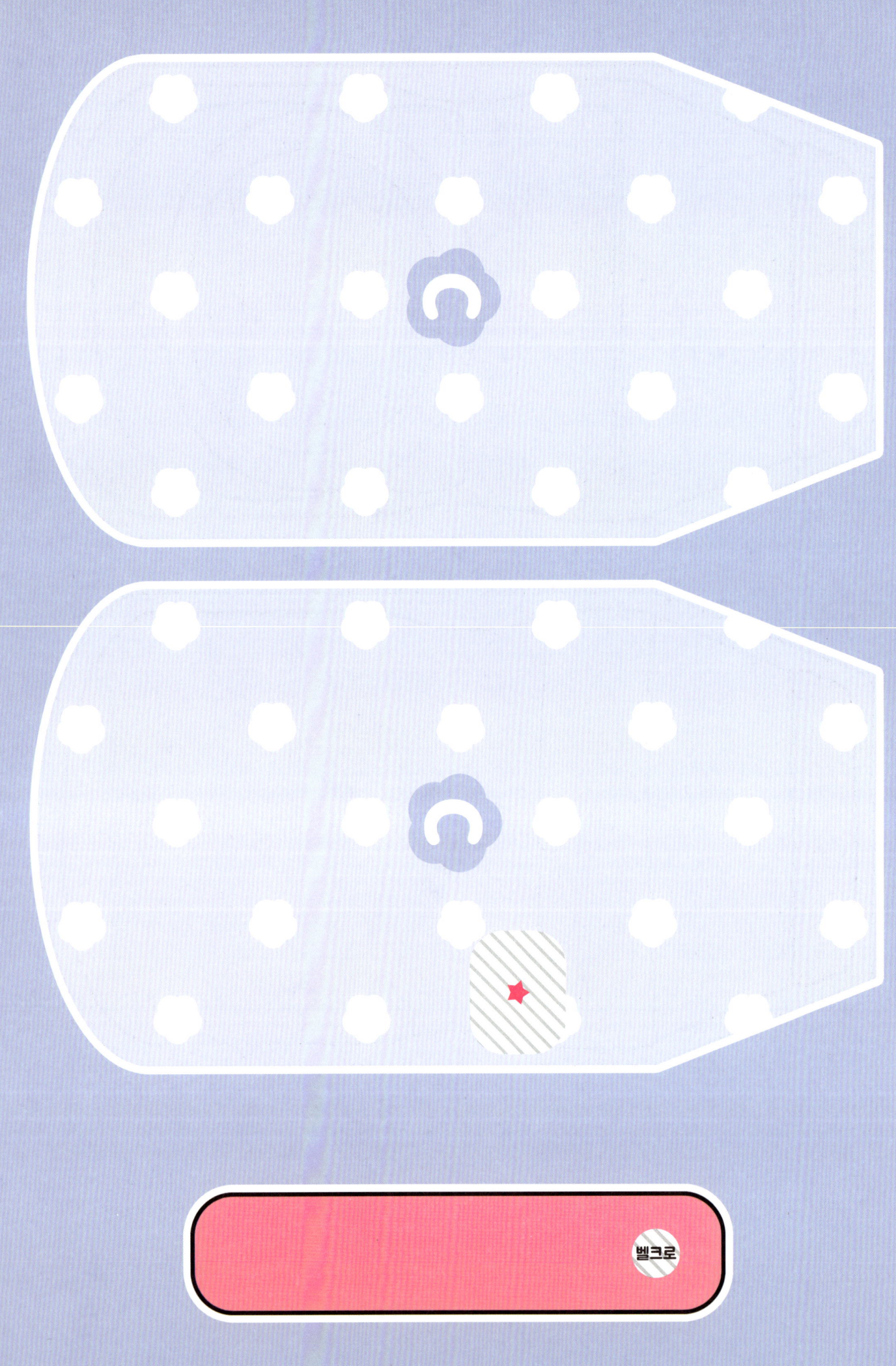

냥구르트 스퀴시북 | 투명 박스 테이프 / 단면

▼ 냥냥이 보관 도안

▼ 샤워기

▼ 침대

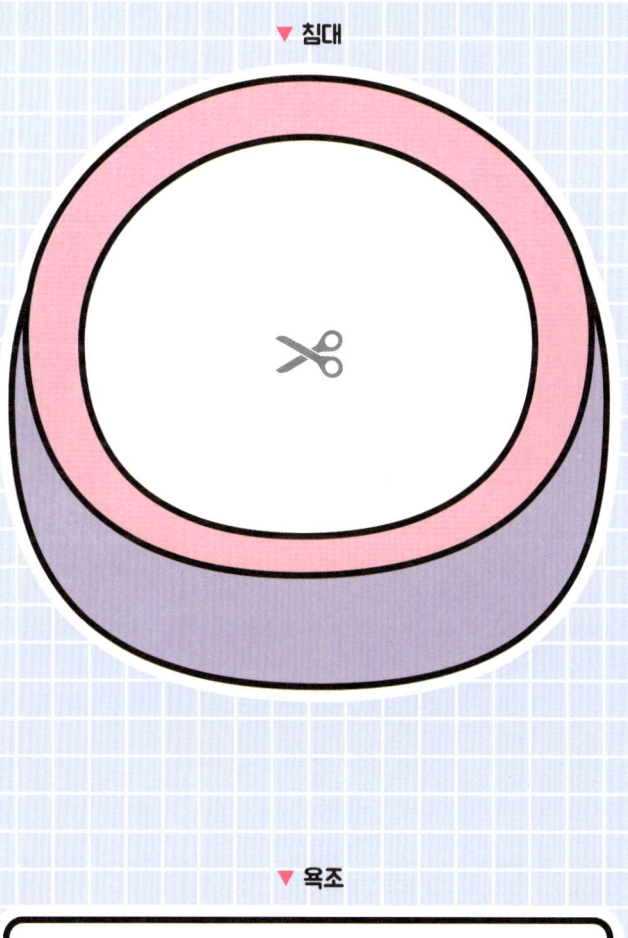

▼ 식탁

▼ 욕조

▼ 냉장고 문

냥구르트 스퀴시북 투명 박스 테이프 / 양면

▼ 냥냥

▼ 소품

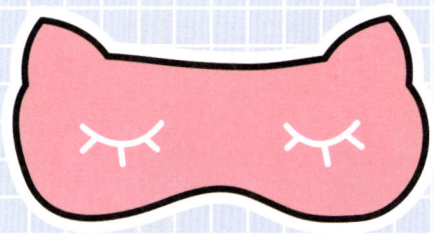

▼ 책 도안 1

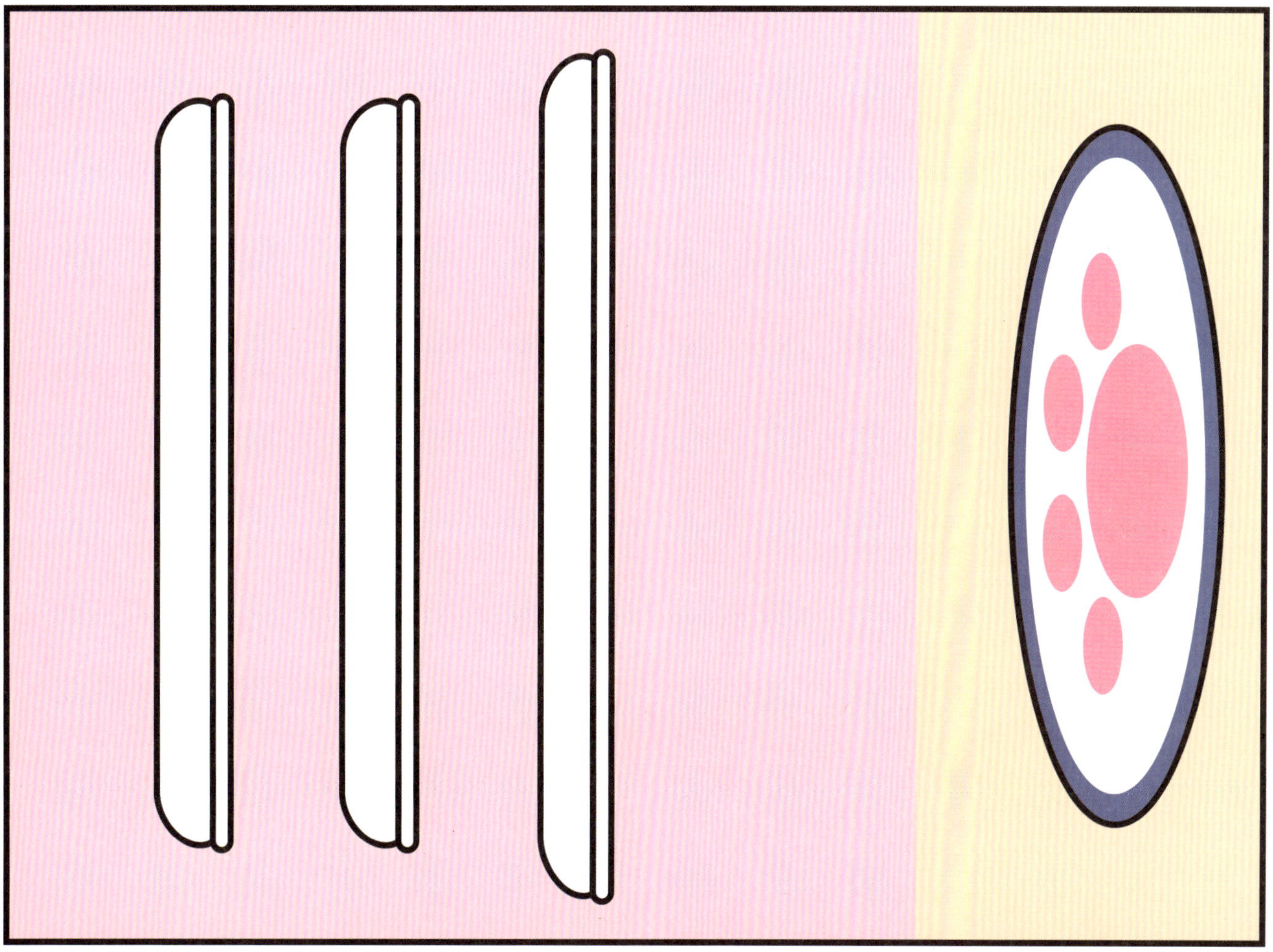

어흥! 시리얼 　손코팅지 / 단면

어흥! 시리얼
귀염주의! 소확마이터로 에너지 충전!
좋은 것한 도전~
쩝쩝! 너무 맛있어!

▲ 책 도안 2

145

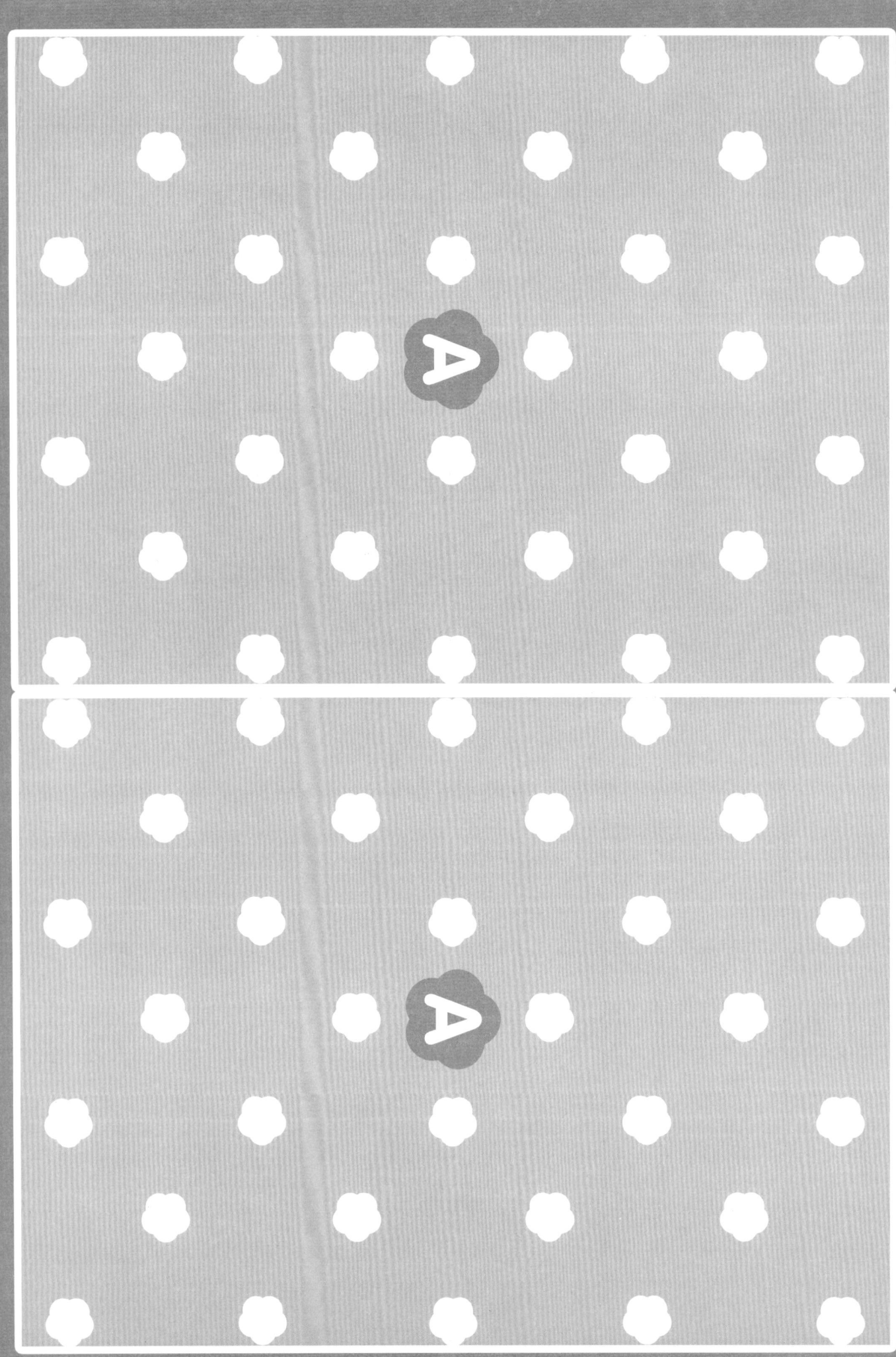

▼ 책 도안 3

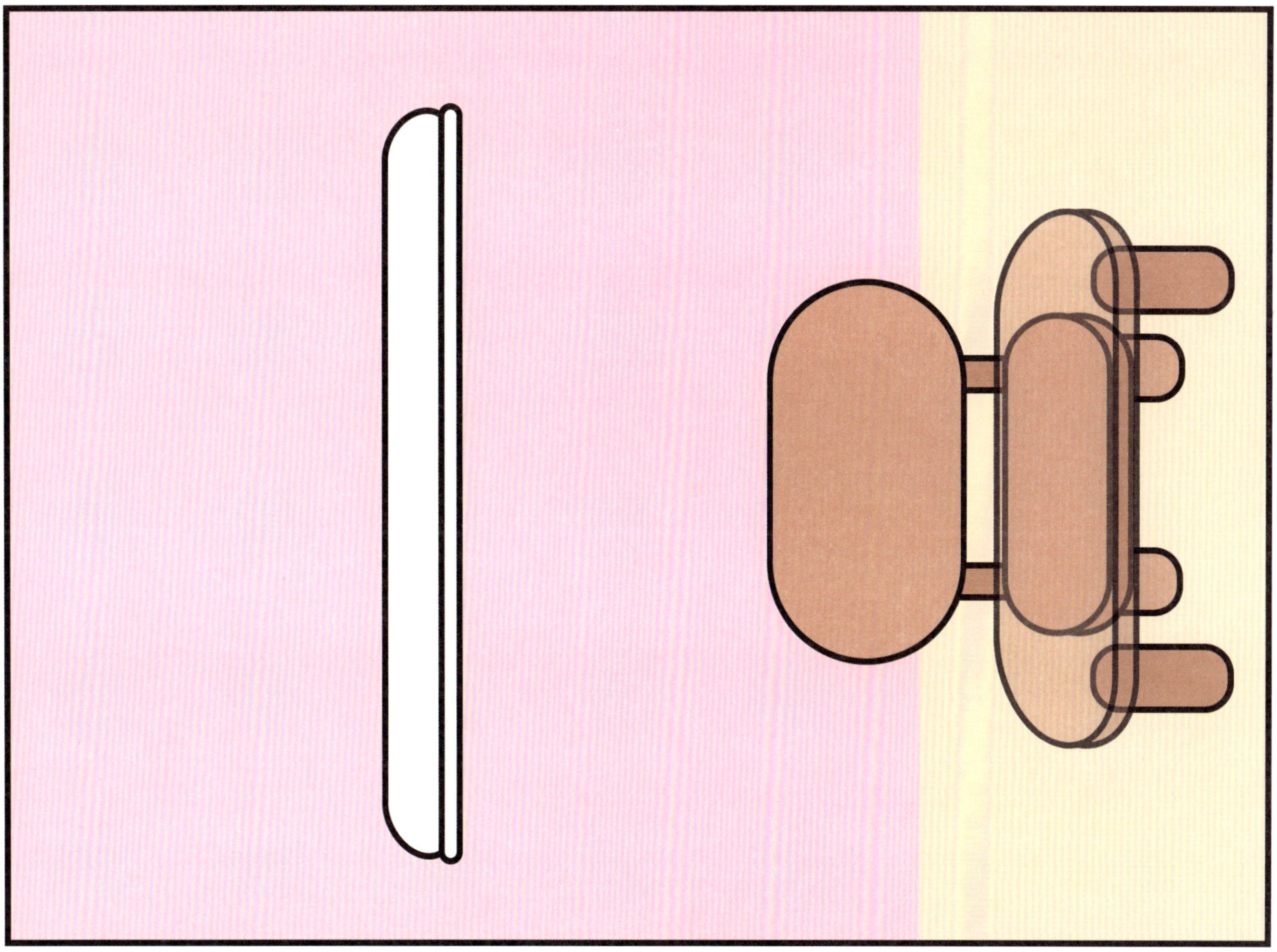

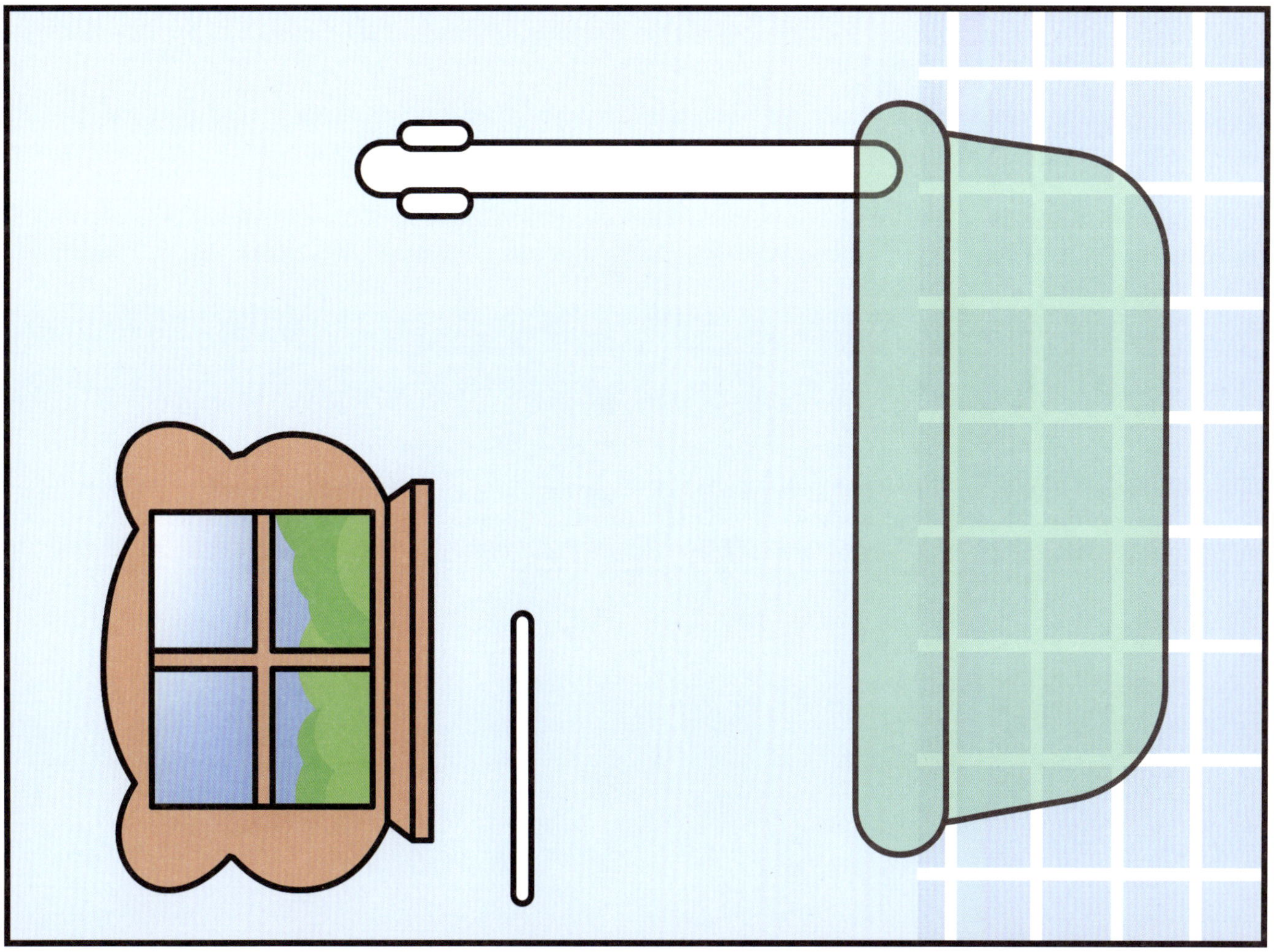

어흥! 시리얼 손코팅지 / 단면

▲ 책 도안 4

▲ 책 도안 4

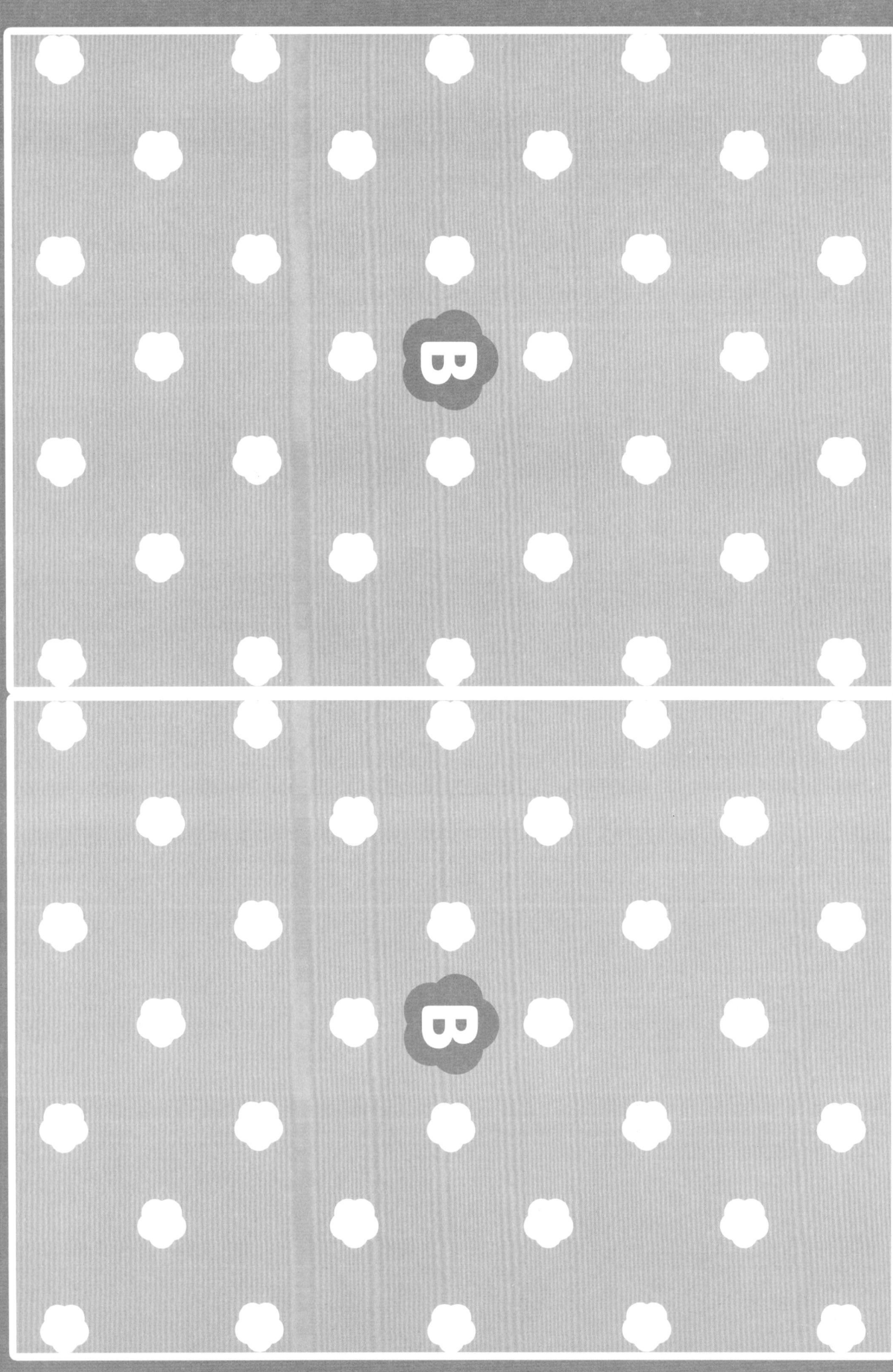

▼ 책 도안 5

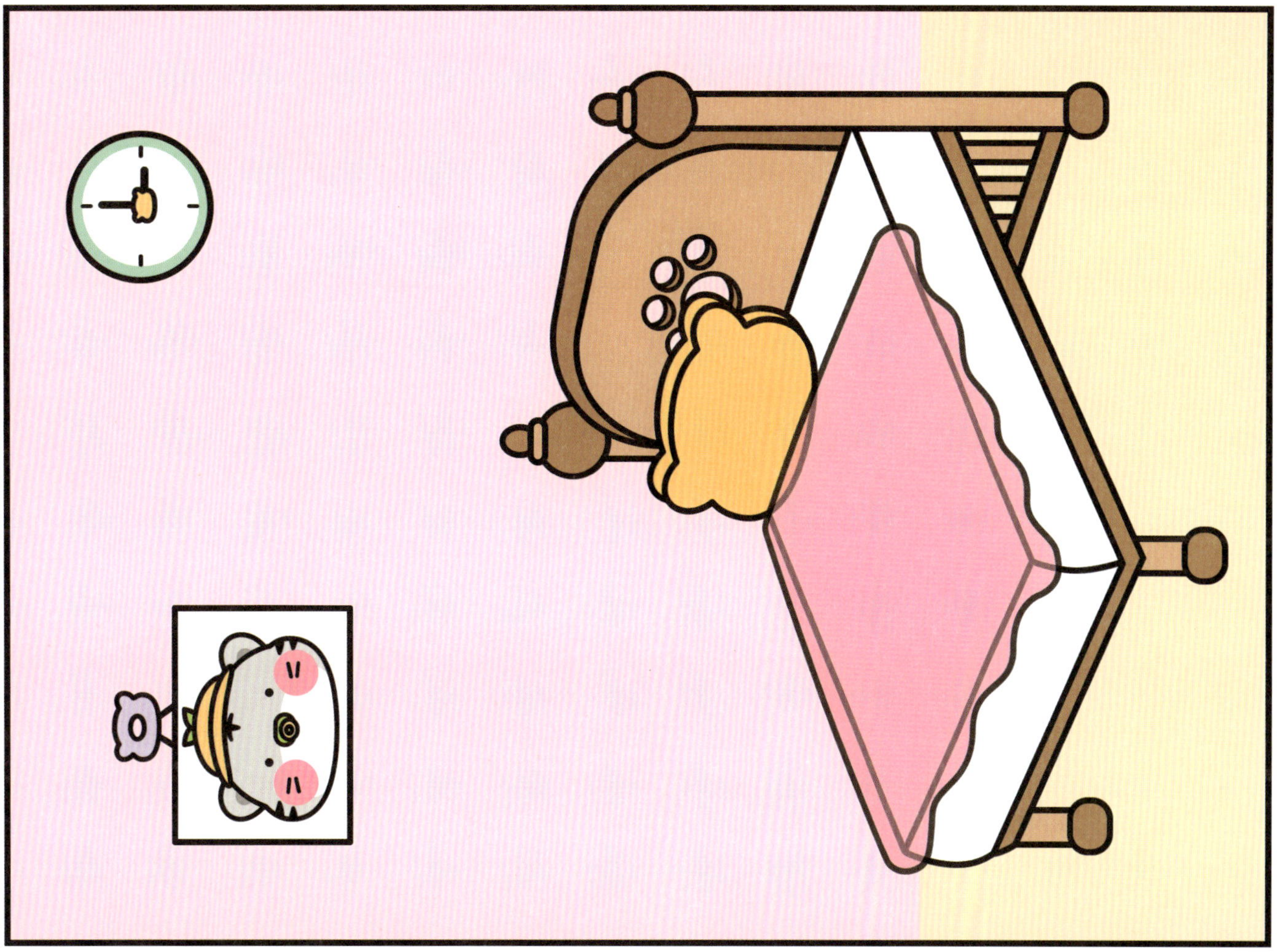

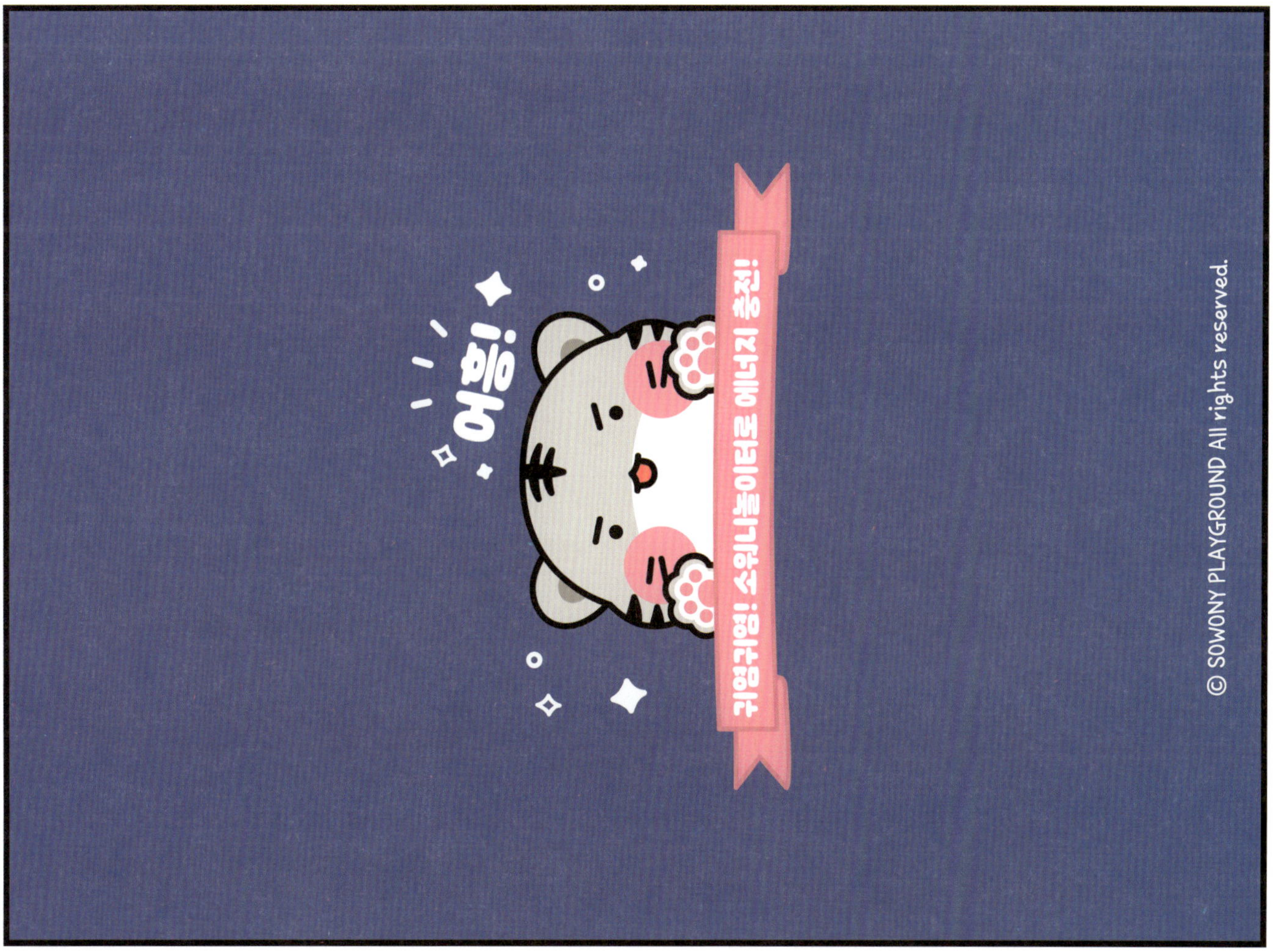

어흥! 시리얼 손코팅지 / 단면

▲ 책 도안 6

149

어흥! 시리얼

투명 박스 테이프 / 단면

▼ 연결 도안

▼ 시리얼 상자

◀ 식탁

◀ 그릇

▼ 샤워기

▼ 이불

▼ 욕조

벨크로

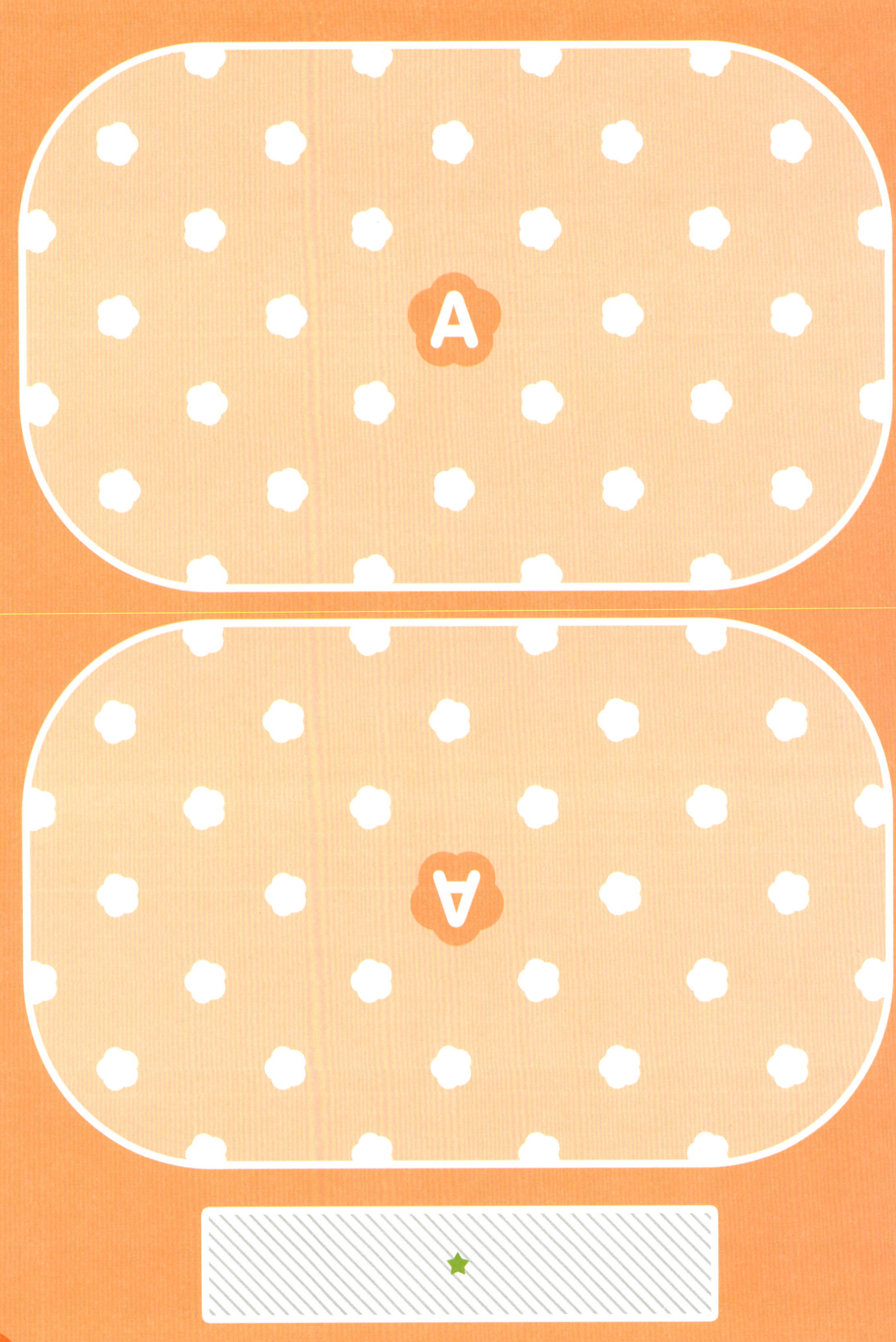

▼ 책 도안 3

말랑말랑한 찰떡 하우스

손코팅지 / 단면

▼ 책 도안 4

▼ 연결 도안 안

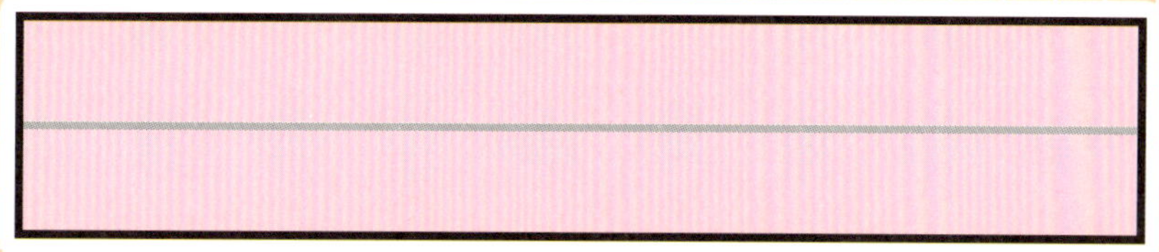

말랑말랑한 찰떡 하우스 　손코팅지 / 단면

▼ 책 도안 5

▼ 책 도안 6

159

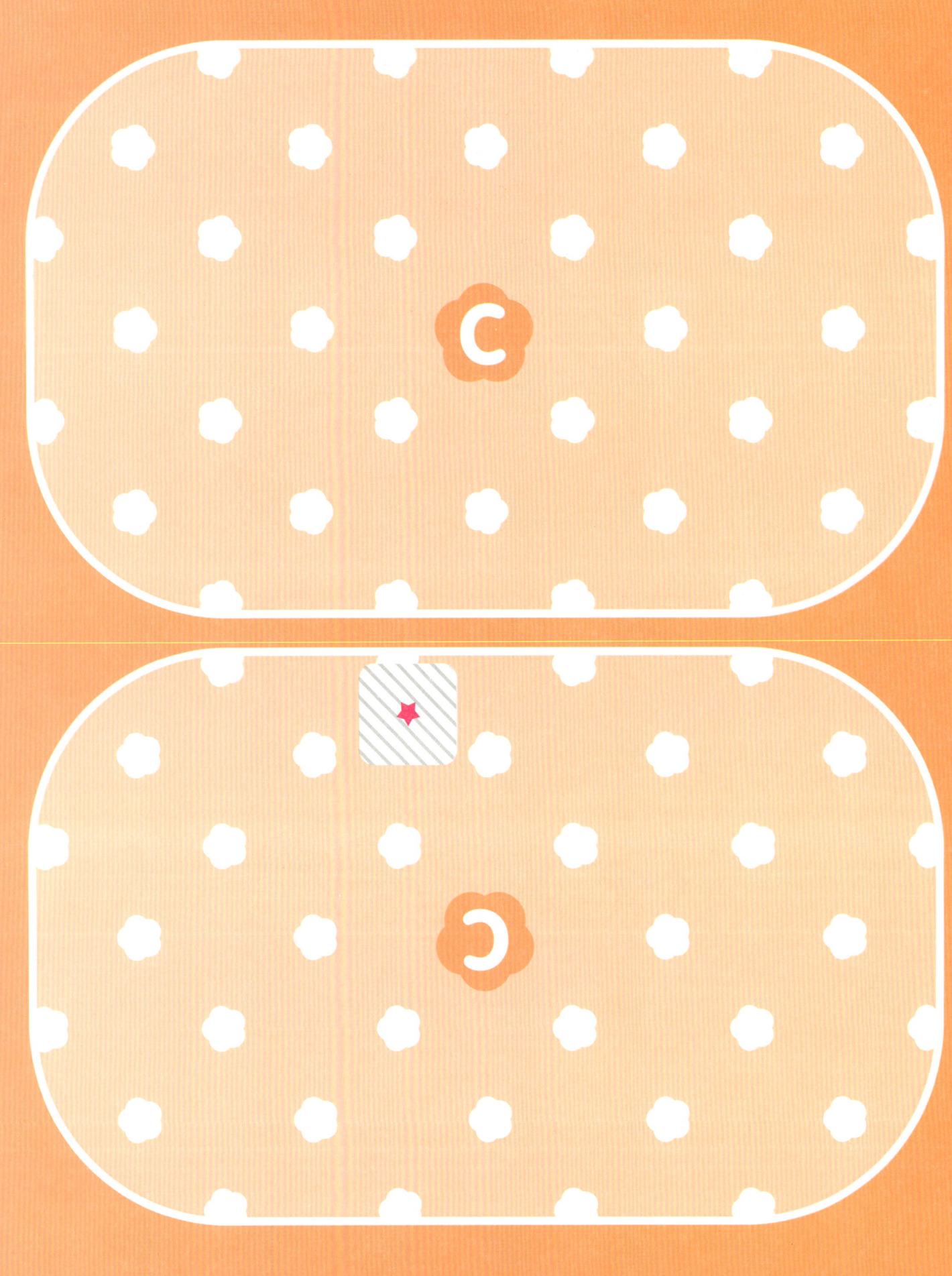

말랑말랑한 찰떡 하우스

투명 박스 테이프 / 단면

▼ 식탁

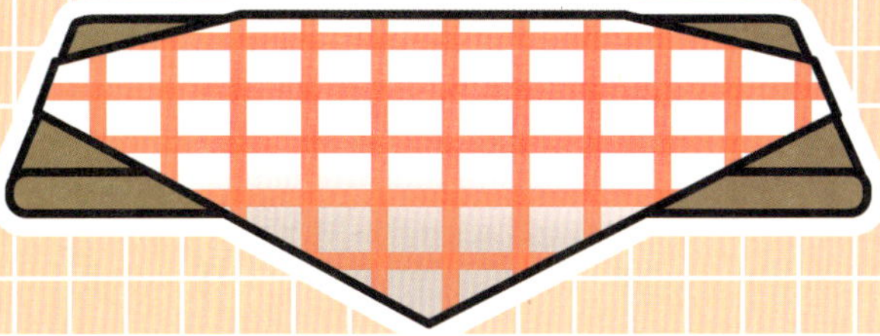

▼ 욕조

▼ 토깽이 보관 도안

▼ 샤워기

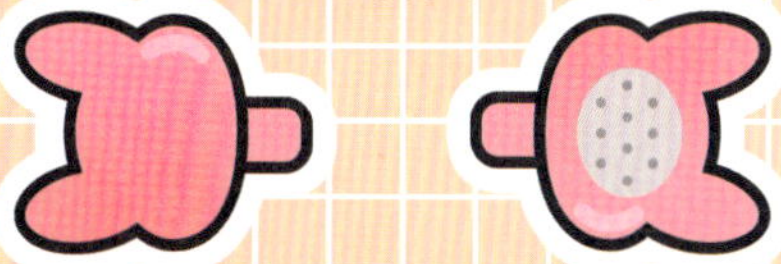

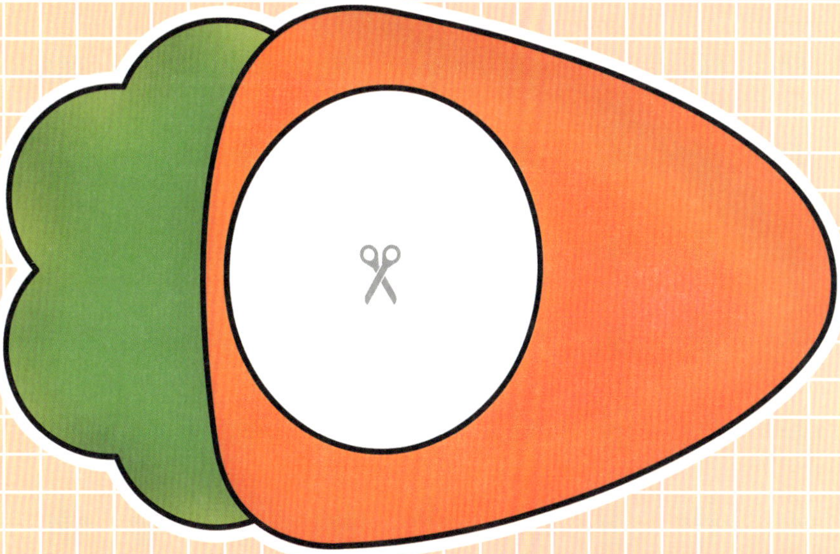

▼ 냉장고 문

▼ 당근 침대

투명 박스 테이프 / 양면

▼ 잠금 도안

▼ 토깽이

▼ 소품

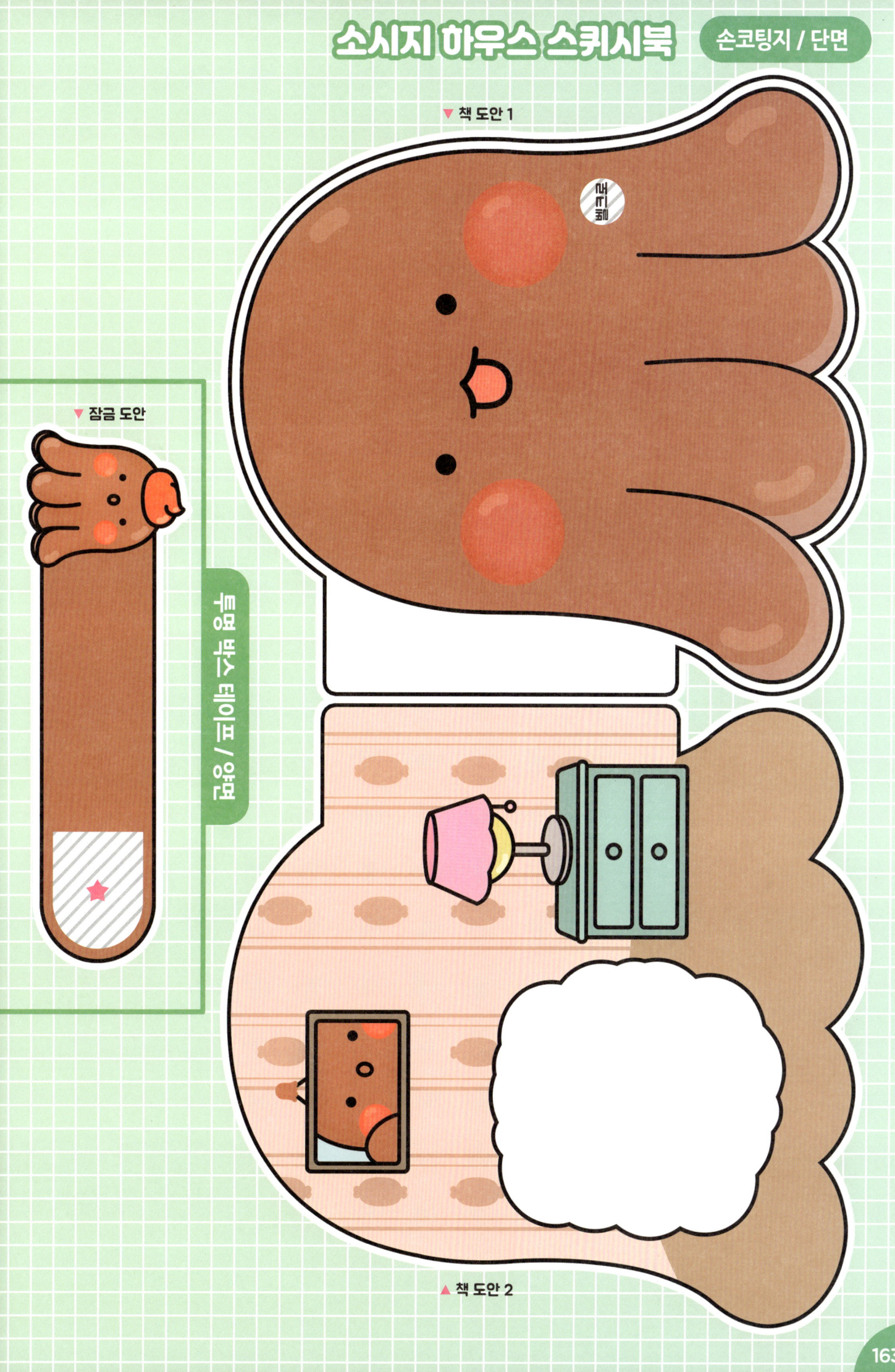

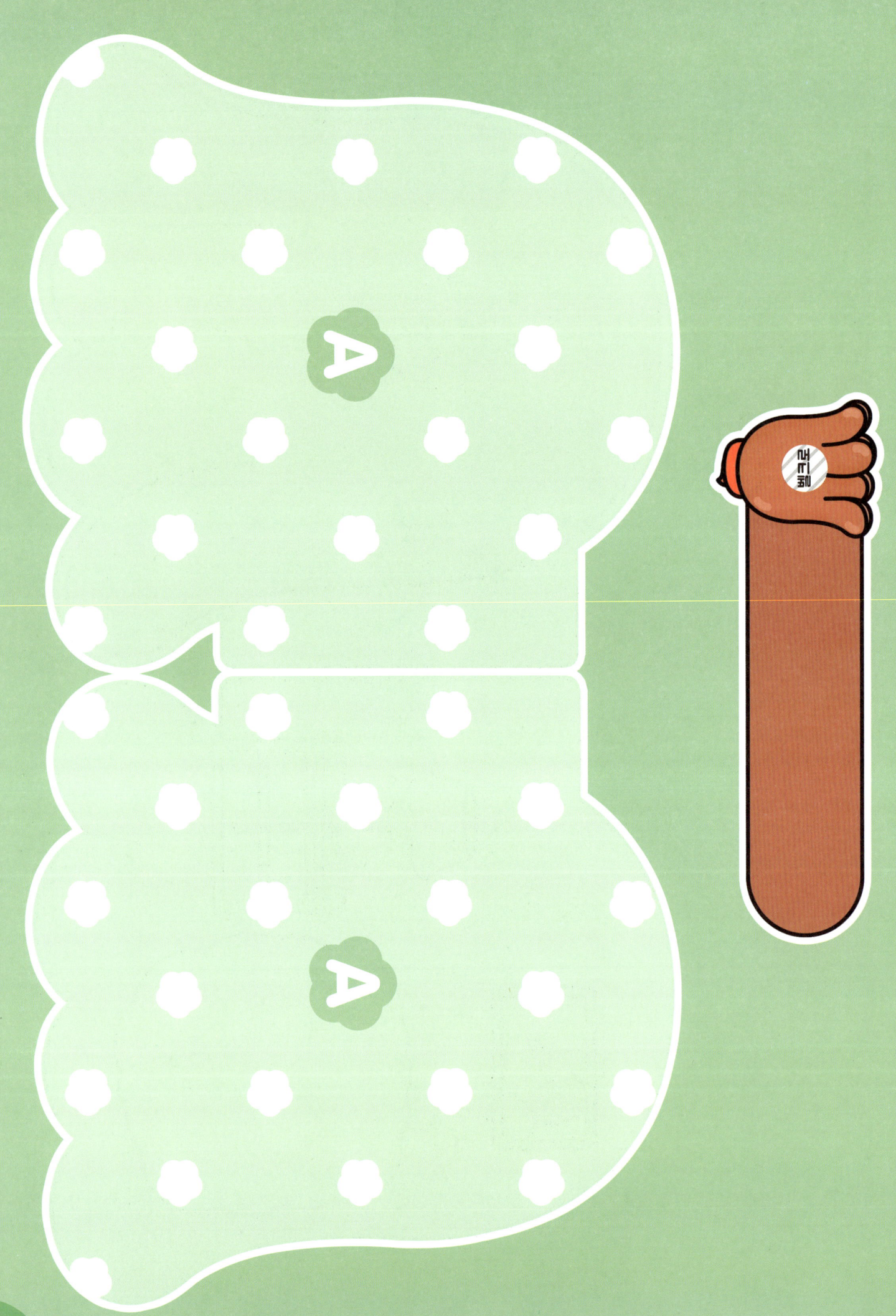

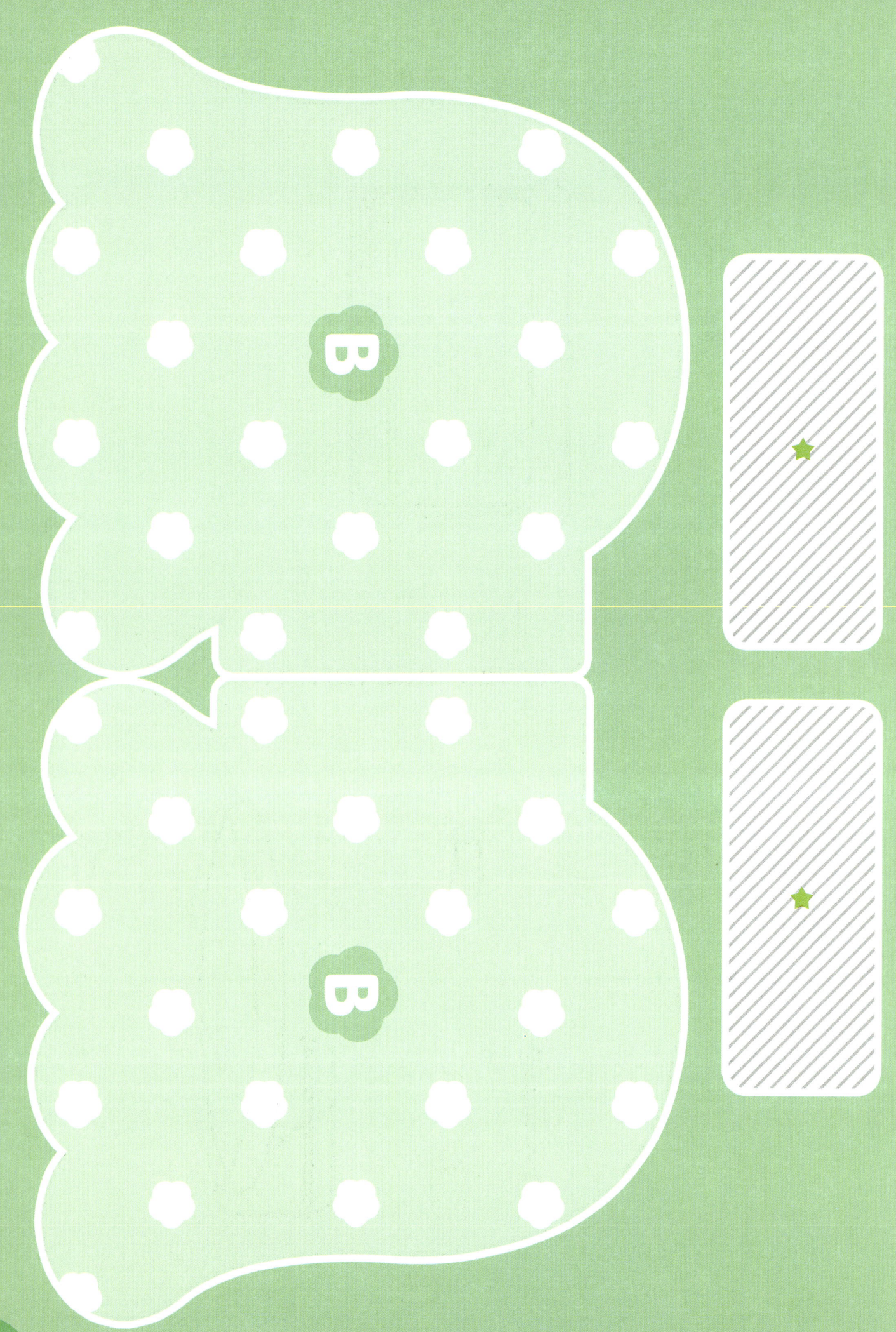

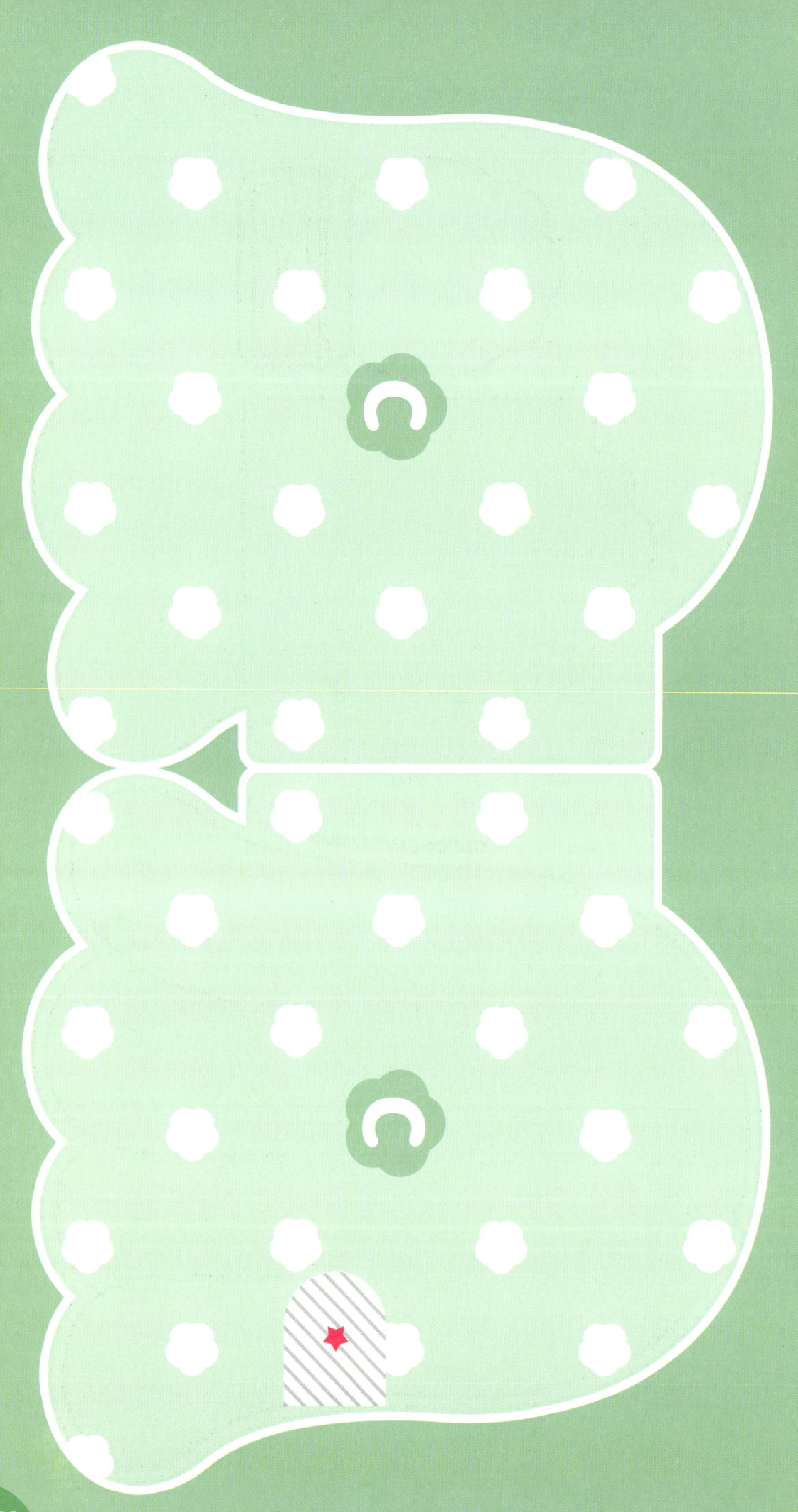

소시지 하우스 스퀴시북

투명 박스 테이프 / 단면

▼ 옷장 도안

▼ 욕조
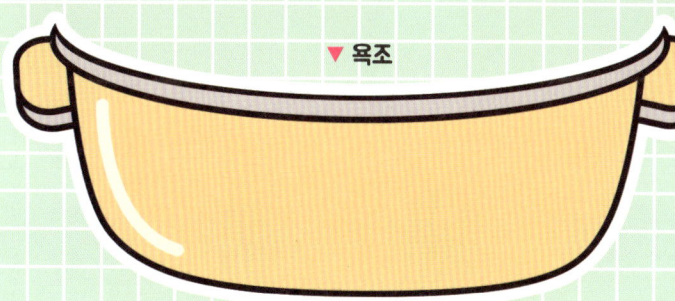

▼ 샤워기
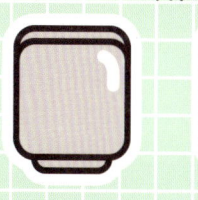

▼ 샤워기 밸브

투명 박스 테이프 / 양면

▼ 소품

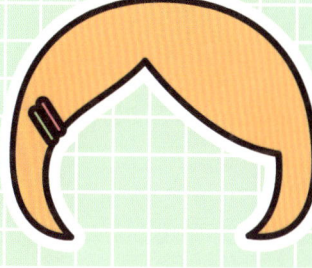

▼ 이불
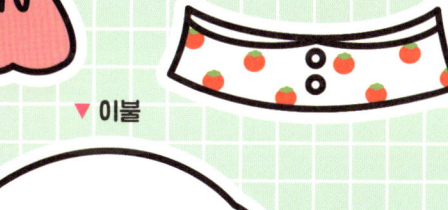

▼ 베개

소워니놀이터 달콤하우스 스퀴시북

2024년 1월 2일 초판 1쇄 발행
2025년 8월 20일 초판 15쇄 발행

지은이 조윤성
발행인 황민호
캐릭터비즈사업본부장 석인수 **편집장** 손재희 **책임편집** 조명숙 **디자인** BjuDesign
발행처 대원씨아이(주) www.dwci.co.kr **주소** 서울시 용산구 한강대로 15길 9-12
전화·편집 02-2071-2157 **영업** 02-2071-2066 **팩스** 02-794-7771 **등록번호** 1992년 5월 11일 등록 제3-563호
ISBN 979-11-7172-703-2 13630

© 소워니놀이터 All rights reserved.

※본 제품은 소워니놀이터와 상품화 계약에 의거 대원씨아이(주)에 의해
제작, 생산되오니 무단 복제 시 처벌을 받습니다.
※잘못된 도서는 구입하신 곳에서 교환해 드립니다.

소워니놀이터를 다양한 책으로 만나요!

소워니놀이터 코디 스티커 미니북

언제 어디서나 소장 가능한 사이즈의
소워니놀이터 코디 스티커 미니북!
소워니와 시워니를 옷과 액세서리로 예쁘게 코디하고,
마법학교, 유치원, 동물농장 등의 배경지에 붙여
다양하게 꾸며 보세요.

스티커 12p+배경지 8p | 100*140mm | 값 5,000원

소워니놀이터 스티커 색칠북

소워니놀이터와 친구들을 예쁘게 색칠하고 재미있는
놀이로 즐겨 보세요.
알록달록 재미있는 색칠놀이와 즐거운
집중력 게임이 들어 있어요.

스티커 2장+본문 16장 | 220*300mm | 값 8,000원